普通高等教育经管类专业系列教材
教育部“产学合作、协同育人”项目成果教材

ERP 沙盘模拟实训教程

主 编 史恭龙 王 媛
副主编 王 倩 史玉芳

机 械 工 业 出 版 社

ERP沙盘模拟实训是模拟离散型制造企业生产运营管理全过程的一门实验课程，涵盖了企业原材料采购、市场营销、生产管理、财务管理等运营流程，把企业运营所处的内外部环境抽象为市场条件和运营规则，让学生分组扮演不同的企业管理层角色，以团队的形式参与竞争和学习。本书是为这一实验课程所编写的教材。本书以用友新道ERP手工沙盘为蓝本，系统地介绍了ERP沙盘模拟经营的概况、规则及评价总结等内容，涵盖了企业战略、市场营销、财务管理、生产运作管理等相关知识点。通过本书所介绍的实验，学生可以将经营管理专业理论与企业运营管理实践相结合，将多学科知识融会贯通。

本书立足教学，兼顾学科竞赛，实用性强，不仅适用于高等院校的实训教学，也适用于企业中高层管理人才的培养。

图书在版编目（CIP）数据

ERP沙盘模拟实训教程 / 史恭龙，王媛主编. —北京：机械工业出版社，2021.8（2025.8重印）

普通高等教育经管类专业系列教材

ISBN 978-7-111-68789-4

Ⅰ. ①E… Ⅱ. ①史… ②王… Ⅲ. ①企业管理—计算机管理系统—高等学校—教材 Ⅳ. ①F272.7

中国版本图书馆CIP数据核字（2021）第149704号

机械工业出版社（北京市百万庄大街22号 邮政编码100037）

策划编辑：易 敏 谭智慧　　责任编辑：易 敏 何 洋 刘 畅

责任校对：孙莉萍　　封面设计：马若濛

责任印制：单爱军

北京盛通数码印刷有限公司印刷

2025年8月第1版第6次印刷

184mm×260mm · 10.25印张 · 250千字

标准书号：ISBN 978-7-111-68789-4

定价：35.00元

电话服务　　网络服务

客服电话：010-88361066　　机 工 官 网：www.cmpbook.com

010-88379833　　机 工 官 博：weibo.com/cmp1952

010-68326294　　金 书 网：www.golden-book.com

　机工教育服务网：www.cmpedu.com

前 言

企业资源计划（Enterprise Resource Planning，ERP），是由美国著名的IT分析咨询公司Gartner Group Inc.于1990年提出，是企业制造资源计划（MRPⅡ）下一代的制造业系统和资源计划软件。如今，ERP不仅是被企业应用广泛的软件系统，更是企业运营与管理的先进理念。企业应用ERP的价值在于通过流程再造，实现对各项资源的优化配置，推动企业对市场的快速响应，从而控制和降低成本、提高效率和效益，不断提升企业在激烈市场竞争中的优势。当今时代，ERP先进的管理理念已经成为助推区域、企业高质量发展的重要思想，政府和企业都意识到了ERP的重要性，努力培养ERP开发人才和实时人员，各大高校也开设了ERP的相关课程，尤其是ERP沙盘模拟实训课程。

ERP沙盘模拟实训课程完全不同于传统的灌输式授课，它融入角色扮演、案例分析和专家诊断于一体，最大的特点是在“学中做，做中学”，让学生在各种决策的成功和失败的体验中学习管理知识、掌握管理技巧、领悟管理精髓，在加强合作、塑造团队精神的过程中提升专业素养。学生的学习过程非常接近在企业实习，通过直观的企业沙盘模拟实训来推演企业运营过程，将节约资源的绿色发展理念、效率优先的创新理念、合作共赢的共同体理念融入其中，让学生在分析市场、制定战略、组织生产、商品营销和财务管理等一系列市场活动中体会企业运营的全过程。实训中，学生会遇到企业运营经常出现的各类典型问题，必须与同伴一起去寻找市场机会、分析供求规律、制定运营策略、实施全面管理，逐步意识到企业资源的有限性，从而深刻理解ERP的管理思想，领悟ERP的管理理念，提升管理能力。ERP沙盘模拟实训课程就似一根红线，将分散在《企业管理》《市场营销》《战略管理》《运营管理》《运筹学》《会计学》《财务管理》《创业学》等课程中的知识点串联起来，形成了完整的知识体系，有利于学生将碎片化的专业知识转化为职业素养。实训中教师注重创新意识的培养、团队精神的建设、诚信理念的推崇、创业技能的训练等都将成为课程时政的亮点。ERP沙盘模拟实训课程以其直观新颖的授课方式、身临其境的课程参与、寓教于乐的教学效果深受广大师生的喜爱。

为了辅助企业ERP应用人才的培养以及高校ERP沙盘模拟推演课程的顺利开展，我们编写了本书。本书主要以用友新道ERP手工沙盘为蓝本，系统地介绍了ERP沙盘模拟经营的概况、运营规则及评价总结等内容，涵盖了企业战略、市场营销、财务管理、生产运作管理等相关知识点。全书共分为8章，第1章概况地总括了ERP沙盘模拟实训课程的基础知识；第2章对用友新道ERP手工沙盘进行了盘面分解；第3章综述了实训准备工作；第4章详细讲解了ERP沙盘的运营规则；第5章介绍了实训中模拟企业的相关情况；第6章通过模拟一个企业6年的运营过程进入实战经营；第7章结合模拟企业6年来的经营成果，对企业进行综合评价；第8章总结和反思经营过程中的成败得失。最后，附录列出了ERP沙盘模拟实训课程中涉及的各种相关表格等。

本书主要由史恭龙（第 1 章、第 3 章、第 6 章）、王媛（第 4 章、第 7 章）、史玉芳（第 2 章、第 5 章）、王倩（第 8 章）编写，谭海松、张溢、石天语、廖娟华、魏绮雯、郇光华、张尧轶、王佳星、曹思伊、陈思颖、刘程杨、刘希希、齐泓辰、闫莹雪等研究生同学参与了部分内容的文字校对及绘图工作。本书在编写过程中，参考了大量国内外知名专家和学者的研究成果及优秀教材，学习和吸收了其中的一些观点和理念；书中还引用了相关论坛 ERP 沙盘爱好者的优美文字和大赛经验分享，在此对各位作者一并表达感谢和敬意。本书的编写得到了西安科技大学教务处和管理学院相关领导的大力支持，并提出了宝贵意见，深表感谢。

由于编者水平与能力有限，书中难免存在不足之处，恳请广大读者批评指正，提出宝贵、意见。编者邮箱：shigonglong@xust.edu.cn。

本书提供丰富的配套资源，任课教师可登录机械工业出版社教育服务网（www.cmpedu.com）下载使用。

编 者

2025 年 1 月

《ERP 沙盘模拟实训教程》

全书二维码总码

《ERP 沙盘模拟实训教程》

习题及答案讲解视频

目 录

第 1 章

基础知识

1.1 沙盘的由来

“沙盘”一词起源于战争模拟推演，在古代是将帅用于指挥战争的工具。当时的沙盘是根据地形图或实际地形，按照一定的比例尺，利用泥沙等多种材料堆制而成的模型，用来模拟战场的地形、装备以及敌我双方兵力的部署情况，通过推演模拟双方在战场上排兵布阵的对抗与较量，发现对方战略战术上的弱点，从而制定有效的作战方案。据《后汉书·马援列传》记载，公元 32 年，汉光武帝征讨陇西的隗嚣，召名将马援商讨进军战略。马援对陇西一带的地理情况很熟悉，就用米堆成一个与实地地形相似的模型，从地形地势上做了详尽的战术分析。光武帝看后，高兴地说：“敌人尽在我的眼中了！”这可以说是最早的军事沙盘了。1811 年，普鲁士国王腓特烈·威廉三世的文职军事顾问冯·莱斯维茨，用胶泥制作了一个比例为 1∶2373 的精巧的战场模型，并用颜色把道路、河流、村庄和树林标记出来，用小瓷块代表军队和武器，陈列在波茨坦皇宫里，用来进行军事游戏，并且请本国的高级官员和来访的外国贵宾观摩。后来，莱斯维茨的儿子又拓展了这项工作，把作战经验和军事行动的时间引入这种军事游戏。他利用沙盘、地图表示地形地貌，以标识器表示军队和武器的配置情况，扮演交战双方的指挥人员，在相隔的两个作战室中表演出营团一级的战斗情况，从而把这种军事对阵的游戏发展成为具有军事用途的活动，成为最初的“战争博弈”，这就是现代军事沙盘的雏形。19 世纪末和 20 世纪初，沙盘主要用于军事训练，第一次世界大战后，才在其他领域中得到运用。用于军事的沙盘如图 1-1 所示。

1978 年，瑞典皇家工学院的科拉斯·梅兰（Klas Mellan）开发出了一种用于企业经营决策的沙盘，此后沙盘模拟迅速风靡全球，成了一种盛行的体验式学习方式。沙盘模拟主要是运用独特直观的教具，融入市场变数，结合角色扮演、情景模拟、教师点评等环节，使受训学生在虚拟的市场竞争环境中，真实地体验企业数年的经营管理过程。目前，沙盘模拟已经得到广泛的推广，特别是 ERP 沙盘模拟。国际上的许多知名的商学院（如哈佛商学院、瑞典皇家工学院）和一些管理咨询机构等，都在运用 ERP 沙盘模拟演练培养学员。该课程主要用于对职业经理人和经济管理类学生进行培训，以提高他们在实际经营环境中运作和决策的能力。20 世纪 80 年代初期，沙盘模拟被引入我国，率先在企业的中高层管理者培训中使用并快速发展。21 世纪初，用友、金蝶等软件公司相继开发出了 ERP 沙盘模拟演练的教学版，并将其逐步推广到国内高等院校的实验教学过程中。

图 1-1　用于军事的沙盘

1.2　什么是 ERP

1.2.1　企业应用 ERP 的背景

改革开放以来，我国建立了全面的物质生产体系，保持经济持续健康稳定增长，人民生活水平和社会发展水平大幅提高，已经全面融入世界经济体系，国际地位不断提升。与此同时我们也看到，由于各种客观原因，与国外企业相比，我国的一些企业仍然存在管理落后、效率不高等问题，而这些问题在传统的管理模式下没有很好的解决方案。例如，企业流动资产周转速度缓慢、库存积压、资金周转困难、生产效率降低；产成品价格下降、原材料价格上升，利润空间被压缩；产品生命周期越来越短，市场快速多变，对手难以捉摸，来自客户、竞争对手的压力不断增大；客户需求多变，引起生产计划、人力配置和物料供应的变化，企业的经营和计划出现混乱等现象。

随着世界经济一体化发展，供应链全球化趋势已经呈现，竞争再无国界，国内企业不得不面对国内、国际双重市场竞争的压力。许多世界级的企业，通过利用先进交通和通信技术以及以计算机为工具的计划与控制系统，将地球变得越来越小。如果企业仍然固守传统的管理方式，不采用现代管理技术去提高管理水平，就会在竞争中一败涂地。

因此，在严峻的市场形势下，企业要生存、要发展、要竞争，需要什么？容易想到的是产品和技术，而深层次的东西则是企业运营管理的理念和工具。那么 ERP 是什么呢？就是世界级企业现在正在使用的一种管理工具。

1.2.2　ERP 的定义

ERP（Enterprise Resource Planning，即企业资源计划），是由美国著名咨询公司 Gartner

Group 于 1990 年提出的概念。它是由 MRPII（Manufacturing Resource Planning，制造资源计划）发展而来的，是指建立在信息技术基础之上，以系统化的管理思想，为企业决策层及员工提供决策所需信息的管理平台。ERP 不仅仅是一款软件产品，还是一套对企业资源进行有效共享与利用的管理系统，更是一种先进的管理思想（见图 1-2）。

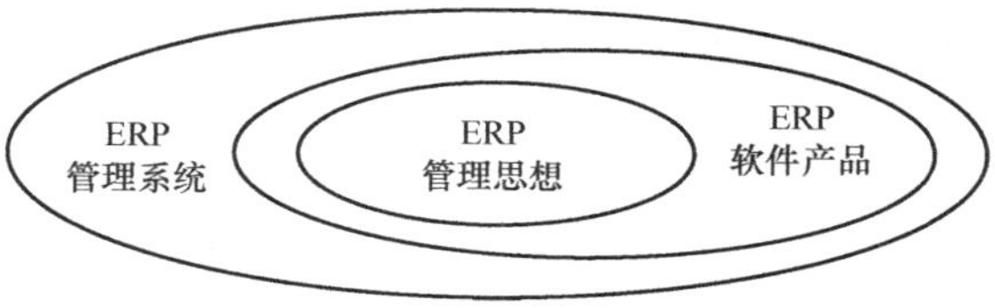

图 1-2 ERP 理念

综合来说，ERP 是指建立在信息技术基础上，通过一些先进管理思想和方法，对企业内部资源和企业相关的外部资源进行整合，通过标准化的数据和业务操作流程，把企业的人、财、物、产、供、销及相应的物流、信息流、资金流紧密集成，最终实现资源优化配置和业务流程优化的目的，并为企业各级管理人员提供有效、科学的决策支持的管理平台。

如今，ERP 被广泛应用于各类企业的运营管理，极大地改变了企业运营的状况。ERP 通过运用最佳业务制度规范及集成企业关键业务流程来提高企业利润，提升市场反应速度，选择合理的应对措施。同时，企业面临瞬息万变的市场机遇、价格变动和服务水平等各种挑战，必须不断改善经营管理模式，提高企业竞争力。因此，仅仅关注企业内部的流程改善、产品开发和制造技术的提高，已经不足以适应当今市场经济发展新常态。

事实表明，处在现代竞争环境中的企业要保持生存和持续发展，必须与商业合作伙伴充分协调，以建立具有竞争优势的价值链。对 ERP 系统的合理运用可以帮助企业内部业务操作合理化，同时运用功能丰富的协作技术帮助企业在合作企业群体和贸易伙伴之间提高管理水平，扩展企业的竞争空间，提高综合实力。电子商务以及移动电商等互联网经济所带来的丰富的企业竞争手段和工具，能够帮助企业更好地运用 ERP 系统将广阔的网络商机和传统信息系统中的企业资源信息有效对接起来。通过实施 ERP，企业可以取得以下成效：

1）系统运行集成化，软件系统的运行连接多个部门。

2）业务流程合理化，各级业务部门根据优化后的流程重新构建。

3）绩效监控动态化，绩效系统能即时反馈，以便纠正管理中存在的问题。

4）管理改善持续化，建立一个可以不断自我评价和不断改善管理的机制。

1.2.3 ERP 的发展历程

ERP 是一个庞大的信息管理系统，要明白 ERP 的原理，首先要熟悉 ERP 产生与发展的五个主要的阶段。

1. 订货点法

20 世纪 30 年代，在计算机出现之前，库存管理发出生产订单的主要依据是生产车间反馈的缺料表。缺料表上所列的是生产车间生产过程中马上要使用但却没有库存的物料。通过缺料表，库存管理人员进行发出新订单和催货的业务操作。显而易见，这种物料采购模式没有任何预见性和前瞻性，因此在企业的实际生产过程中，停工待料的现象时常发生。为了改变这种被动的状况，有人提出了一种新的库存管理方法——订货点法。订货点法是指对于某种物料或产品，由于生产或销售的原因而逐渐减少，当库存量降低到某一预先设定的点时，即发出订货单（采购单或加工单）来补充库存，直至库存量降低到安全库存时，发出的订货单所订购的物料（产品）刚好到达仓库，以补充前一时期的消耗。此订货的数值点，称为订货点或警戒点。订货点法又称为订购点法或安全库存法，如图 1-3 所示。

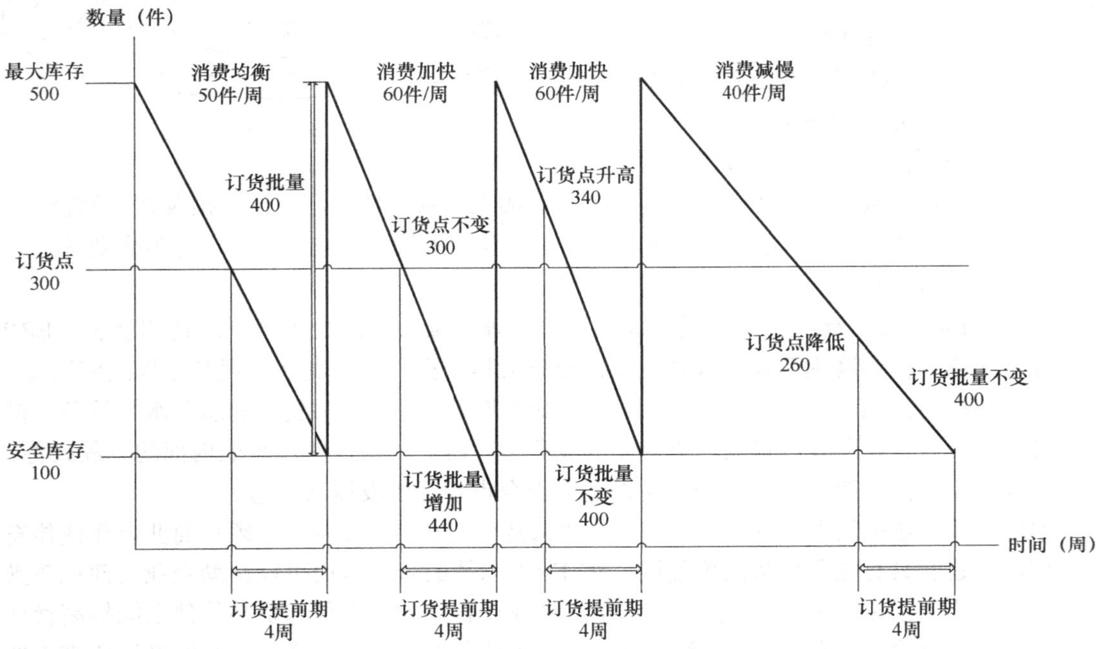

图 1-3　订货点法

订货点法本质上是按过去的经验预测未来某种物料的需求，并相应进行提前订货以避免缺货现象发生的一种方法。订货点法需要确定两个参数：订货点数量和订货批量。订货点法主要根据历史记录或经验来推测未来的需求，适用于需求或消耗量比较稳定的物料，对于需求量随时间变化的物料，由于订货点会随消耗速度的变化而变化，因此并不适用。根据订货点法的工作原理，订货点数量的计算公式为

订货点数量=单位时间的需求量×订货提前期+安全库存量

订货批量=最大库存量−（订货点数量−单位时间的需求量×订货提前期）

例如：假定某企业某项物料最大库存为 500 件，需求量为 50 件/周，且消费均衡，订货提前期为 4 周，并保持 100 件的安全库存量。那么，该项物料的订货点计算为（50×4+100）件=300 件，订货批量=500 件−（300−50×4）件=400 件，即当该项物料从最大库存 500 件开始消耗，当库存量降低到 300 件时，企业就需要开始订货，此次订货的批量为 400 件。

2．时段式 MRP

20 世纪 60 年代，随着计算机系统的发展，短时间内对大量数据的复杂运算成为可能。人们为弥补订货点法的缺陷，提出了一种库存订货计划——物料需求计划（Material Requirement Planning，MRP），并将其称为时段式 MRP 或基本 MRP 阶段，如图 1-4 所示。

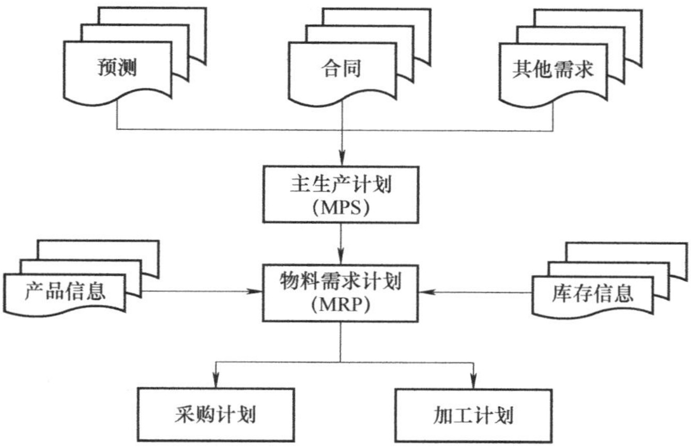

图 1-4　时段式 MRP 逻辑流程

MRP 系统最主要的目标是确定每项物料在每个时区的需求量，以便为正确地进行生产库存管理提供必要的信息。MRP 系统假设：物料清单（BOM）和库存记录文件的数据完整性是有保证的；所有物料的订货提前期是已知的，至少是可以估算的；所有受其控制的物料都要经过库存登记；在计算物料需求时间时，假定用于构成某个父项的所有子项都必须在下达父项的订货时到齐；每项物料的消耗都是间断的。因此，MRP 与订货点法有以下区别：①通过产品结构将所有物料的需求联系起来；②将物料需求区分为独立需求和非独立需求并加以处理；③对物料的库存状态数据引入了时间分段的概念。

MRP 把所有物料按需求性质区分为独立需求项目和非独立需求项目。如果某项物料的需求量不依赖于企业内其他物料的需求而独立存在，则称其为独立需求项目；如果某项物料的需求量可由企业内其他物料的需求量确定，则称其为非独立需求项目或相关需求项目。原材料、零件、组件等都是非独立需求项目，而最终产品则是独立需求项目。独立需求项目有时也包括维修件、可选件和工厂自用件。独立需求项目的需求时间通常由预测和客户订单、厂际订单等外在因素决定，非独立需求项目的需求量和需求时间则由 MRP 系统来决定。MRP 通过产品结构把所有物料的需求联系起来，考虑不同物料的需求之间的相互匹配关系，从而使各种物料的库存在数量和时间上趋于合理。时段式 MRP 把所有的库存数据都与具体时间联系起来，能轻松解决何时订货的问题。

3. 闭环 MRP

20 世纪 70 年代，随着人们对科学管理认识的加深及计算机系统的进一步普及，MRP 的理论范畴也得到扩展。人们在原本的 MRP 基础上，把生产能力作业计划、车间作业计划和采购作业计划纳入 MRP 中，同时在计划执行过程中，加入来自车间、供应商和计划人员的反馈信息，并利用这些信息进行计划的平衡调整，从而围绕物料需求计划使生产的全过程形成一个统一的闭环系统，这就产生并发展了一种新的生产计划与控制系统——闭环 MRP（Closed-loop MRP）。闭环 MRP 将物料需求按周甚至按天进行分解，使 MRP 成为一个实际的计划系统和工具。闭环 MRP 是一个集计划、执行、反馈于一体的综合性系统，它能对生产中的人力、机器和材料等各项资源进行计划与控制，使生产管理的应变能力得到加强。这样就实现了采购、库存、生产、销售的协调管理，而不仅仅是一个订货系统。其逻辑流程如图 1-5 所示。

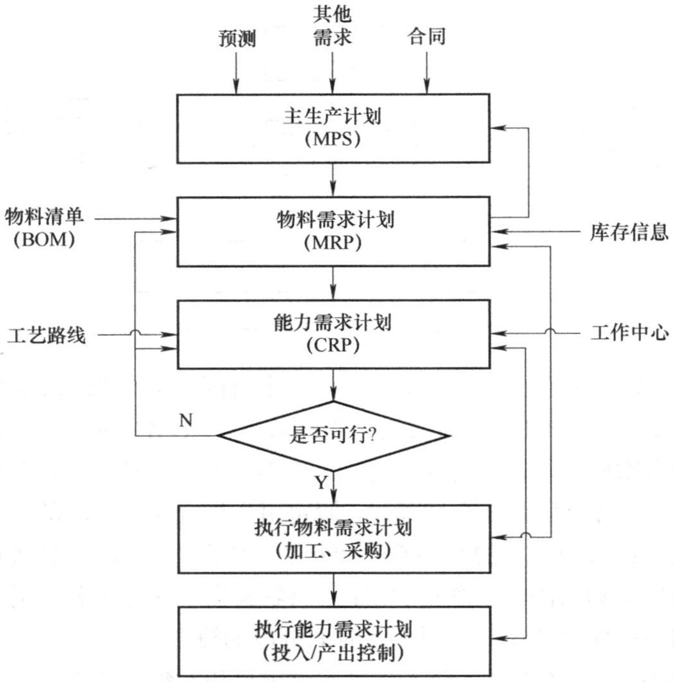

图 1-5　闭环 MRP 的逻辑流程

在这期间，出现了看板管理、全面质量管理（Total Quality Management，TQM）、准时制（Just-In-Time，JIT）等先进管理方法，以及数控机床等先进生产技术。

4．MRPⅡ

闭环 MRP 系统的出现，使生产活动方面的各种子系统得到了统一。但这还不够，因为在企业的管理中，生产管理只是一个方面，所涉及的仅仅是物流，而与物流密切相关的还有资金流。资金流在许多企业中是由财会人员另行管理的，这就造成了数据的重复录入与储存，甚至造成数据的不一致。20 世纪 80 年代，随着计算机网络技术的发展，企业内部信息得到充分共享，MRP 的各子系统也得到了统一。人们把生产、财务、销售、工程技术、采购等各子系统集成为一个一体化的系统，形成了一个集采购、库存、生产、销售、财务、工程技术等为一体的子系统，并称之为制造资源计划（Manufacturing Resource Planning）。其英文缩写还是 MRP，为避免混淆，记为 MRPⅡ。其逻辑流程如图 1-6 所示。

MRPⅡ的基本思想就是把企业作为一个有机整体，从整体最优的角度出发，通过运用科学的方法对企业各种制造资源和产、供、销、财各个环节进行有效的计划、组织和控制，使之得以协调发展，并充分发挥作用。

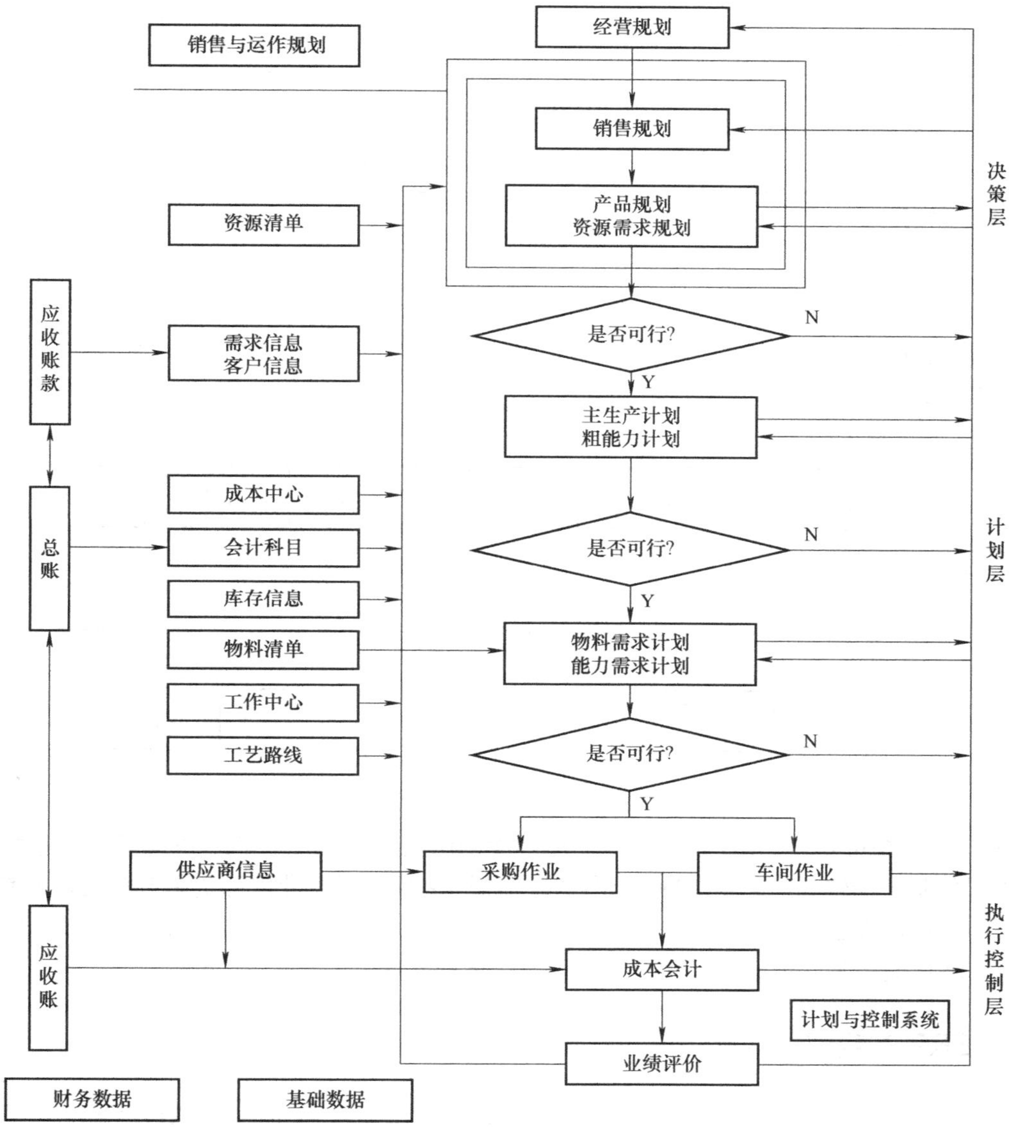

图 1-6　MRPⅡ逻辑流程

5．ERP

进入 20 世纪 90 年代，随着市场竞争进一步加剧，企业竞争空间与范围进一步扩大、企业间跨地区、跨国界的合作和生产模式的出现以及信息技术的发展，使 MRPⅡ主要面向企业内部资源全面计划管理的思想，逐步发展成为 90 年代怎样有效利用和管理整体资源的管理思想，ERP 随之产生。它是从 MRP 发展而来的新一代集成化管理信息系统，其核心思想是供应链管理。它扩展了 MRP 的功能，跳出了传统企业边界，从供应链出发管理企业的资源，优化企业的运行模式，反映了市场对企业合理调配资源的要求。它对于改善企业业务流程、提高企业核心竞争力具有显著作用。其逻辑流程如图 1-7 所示。

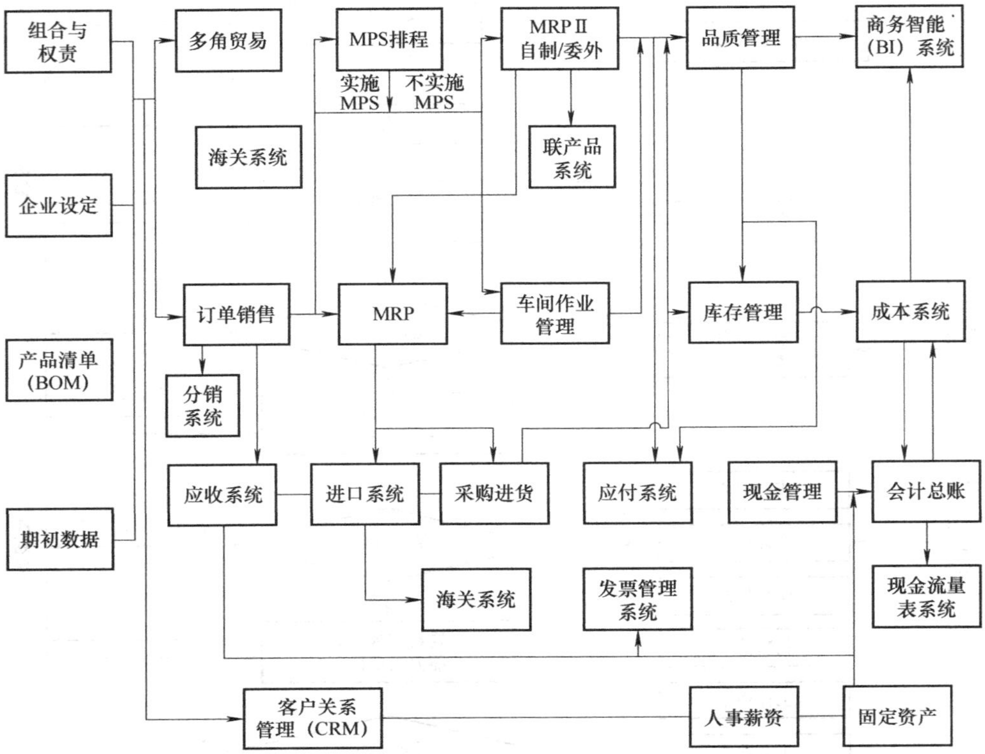

图 1-7　ERP 逻辑流程

ERP 是一种可以提供跨地区、跨部门甚至跨企业整合实时信息的企业管理信息系统。ERP 不仅仅是一个软件，更重要的是一种管理思想，它实现了企业内部资源与企业相关的外部资源的整合，通过软件把企业的人、财、物、产、供、销及相应的物流、信息流、资金流、管理流、增值流等紧密地集成起来，实现资源优化和共享。

1.2.4　ERP 在我国的发展

自从 1981 年沈阳第一机床厂从德国工程师协会引进了第一套 MRPⅡ软件以来，MRPⅡ/ERP 在我国得到了越来越多的应用与推广。回顾我国 MRPⅡ/ERP 的应用和发展过程，大致可划分为四个阶段。

1. 启动期

这一阶段几乎贯穿了整个 20 世纪 80 年代，其主要特点是立足于 MRPⅡ的引进、实施及部分应用。其应用范围局限在传统的机械制造业内（多为机床制造、汽车制造等行业），如沈阳第一机床厂、沈阳鼓风机厂、北京第一机床厂、第一汽车制造厂、广州标致汽车公司等。由于受多种障碍的制约，应用的效果有限，企业所得到的效益与巨大的投资完全不相符，因而被人们总结为“三个三分之一”，即引进的系统三分之一可用，三分之一修改后可用，三分之一不可用。

2．成长期

这一阶段大致是1990年—1996年。随着改革开放的不断深化，我国的经济体制从计划经济向市场经济转变，产品市场形势发生了显著的变化。这对传统管理方式提出了严峻的挑战。该阶段涉及的领域已经突破了机械行业，扩展到航天航空、电子与家电、制药、化工等行业。其主要特征是MRPⅡ/ERP在我国的应用与推广取得了较好的成绩。北京第一机床厂、沈阳机床厂、沈阳鼓风机厂等老牌MRPⅡ用户在启动了国家高技术研究发展计划（863计划）的计算机集成制造系统（Computer Integrated Manufacturing System，CIMS）重点工程后，都先后获得了可喜的收益。例如，北京第一机床厂的管理信息系统实现了以生产管理为核心，连接物料供应、生产、计划、财务等各个职能部门，可以迅速根据市场变化调整计划、平衡能力，效率提高了30多倍，为此于1995年11月获得了美国机械工程师学会（American Society of Mechanical Engineers，ASME）授予的“工业领先奖”；广东科龙容声冰箱厂的MRPⅡ项目，经美国生产与库存管理协会（American Production and Inventory Control Society，Inc，APICS）的专家认定达到了A级应用水平等。总之，大多数的MRPⅡ用户在应用系统之后都获得了或多或少的收益，这是不容否认的事实。因此，该阶段也被人们称为“三个三分之一休矣”阶段。

3．成熟期

该阶段是从1997年开始到21世纪初。其主要特点是：ERP被引入并成为主角；应用范围从制造业扩展到第二、第三产业；由于不断的实践探索，应用效果也得到了显著提高，因而进入了ERP应用的成熟阶段。

第三产业的充分发展正是现代经济发展的显著标志。金融业早已成为现代经济的核心，信息产业日益成为现代经济的主导，这些都在客观上要求有一个具有多种解决方案的新型管理软件来与之相适应。ERP就成了该阶段的主角，并把触角伸向各个行业，特别是第三产业中的金融业、通信业、高科技产业、零售业等，大大扩展了ERP的应用范围。

4．普及期

2005年以来，随着市场经济的发展，我国企业面临着越来越激烈的竞争环境，以ERP为工具的现代化管理浪潮正席卷而来。它可为企业提供投资管理、风险分析、跨国跨地区的集团型企业信息集成、获利分析、销售分析、市场预测、决策信息分析、促销与分销、售后服务与维护、全面质量管理、运输管理、人力资源管理、项目管理以及利用互联网实现电子商务等MRPⅡ所不具备的功能。企业能利用这些工具来扩大经营管理范围，紧跟瞬息万变的市场动态，参与国际大市场的竞争，获得丰厚的回报。正在融入全球供应链的中国企业需要ERP，中国企业国际竞争力的形成也需要ERP。因此，ERP在我国已经进入了一个快速发展和普及的阶段。

1.3 课程简介

1.3.1 课程特色

什么是影响企业经营成败的真正原因？

——库存控制不合理，原材料和产成品大量积压？

——生产能力跟不上，生产成本失控？

——费用开支过大，融资不及时，资金断流？

——市场定位不准而且投入太大？销售价格太低？产品研发不对路？

——沟通不畅，信息不能共享？

……

目前，我国的管理课程一般都以理论+案例为主，侧重于分析和总结，很难让学生迅速掌握这些理论并将其应用到实际工作中。本课程以用友新道 ERP 物理沙盘为蓝本，总结了一线教师多年的教学和企业信息化咨询服务的经验，借鉴了国际流行的体验式教学方式，将企业经营理论与实际模拟紧密地结合在一起，以离散型制造企业为背景，让学生置身于商业实战场景，以企业经营管理者的身份，模拟财务、采购、生产、营销等重要职能，根据学生的实际操作数据，动态分析决定企业成败的关键因素，让学生在游戏般的模拟中体验完整的企业经营过程，感悟实战的经营思路和管理理念，体会企业进行信息化建设的必要性和紧迫性。模拟沙盘培训增强了课程的趣味性，使枯燥的课程变得生动有趣。同时，通过游戏进行模拟还可以激发参与者的竞争热情，增加他们学习的动力。

本书对应的课程与传统的灌输式授课方式最大的不同是通过体验式的互动学习，让学生通过“做”来“学”，以真实的感受来体会深奥的商业思想：可以看到并触摸到商业运作的模式，从而将日常课程中复杂抽象的商业理论以最直观的方式进行体验和学习，直探经营本质。

在实训中，学生会遇到企业经营中经常出现的各种典型的现实问题。学生必须和同伴们一起寻找市场机会，制订策略、实施全面管理，在各种决策成功和失败的体验中学习管理知识，掌握管理技巧，同时深刻体会在信息透明环境下团队协同、流程一体化管理、信息共享的 ERP 核心理念。

1.3.2 课程实施

实训课程的主要实施方式是在一个模拟的市场环境中，把学生分成若干个互相竞争的团队，每个团队模拟一家拥有 1 亿元资产的销售良好、资金充裕的企业，学生在模拟企业里担任重要职位，开展市场经营活动。

每个团队都拥有竞争起点相同的模拟企业——实际运营的沙盘模型。在企业经营沙盘上，学生能够清晰、直观地看到企业现金流量、产品库存、生产设备、客户应收应付账款、加工费、行政管理费用、广告费、利息、所得税、银行借贷等企业运营指标，通过移动“筹码”和其他道具来实现企业运营。因为所有企业运营指标都可借助教学模具进行沙盘推演，学生能够清晰地观察到每一步决策对企业整体运营状况的影响，从而初步了解企业经营的实际流程，加深对所学管理类学科理论的感性认识。

课程分为 6～8 个经营周期，每个周期都包括制订年度计划、进行财务预算、争取客户订单、进行生产运营、年末汇总经营成果、编制年度财务报告等环节。学生要根据竞争对手的动向和市场需求预测，决定模拟企业的产品研发和生产、市场开拓与销售、生产设备的变更、企业融资借贷期限的策略等，然后进行企业运营——沙盘推演，每年年末编制会计报表，利用表中的经营结果分析经营业绩，制订改进方案，继续下一年度的经营。

同时，在模拟运营过程的每个周期，教师都会进行沙盘盘面实务指导与点评，对所有参与团队的实际经营决策行为及相关操作数据进行动态分析，并引入相关的管理、生产、营销、财务等分析工具，培训学生实际运营的技能；各“企业”在经营期间也会得到教师有针对性的辅导。“企业”运营过程中，学生一边亲自模拟操作，一边听取教师的分析与讲解，通过亲身体验，充分了解企业经营管理和战略决策制订的运营流程，并找出决定胜负的关键要素。

1.3.3 课程收益

传统教育划分了多个专业方向，学生只能择其一而修，专业壁垒禁锢了学生的发展空间和思维方式，ERP沙盘模拟实训则是对企业经营管理的全方位体验。在沙盘推演的开始阶段，学生可能是抱着好奇与好玩的心态参与活动，但随着实训的深入，激烈的竞争与身临其境的体验感将大大激发他们的学习兴趣，使其切实感受到一种全新的、能够调动全部才智和热情的学习模式。在以往的实训中，学生均表现出了极强的自律和敬业精神，课上认真进行沙盘推演，课下查阅大量的资料补充知识，甚至小组成员之间为讨论经营决策方案而废寝忘食，紧张而又愉快地完成了整个学习过程。受训者一方面能够全方位认识企业，了解企业的组织机构设置、各管理机构的职责和工作任务，对未来的职业方向建立初步认知，通过企业经营了解企业管理体系和业务流程，理解物流、资金流、信息流的协同过程；另一方面，受训者从最初的战略制订到最后的战略目标达成分析，经过几年的迷茫、挫折、探索，将学会用战略的眼光看待企业的业务和经营，明白成功企业一定有着明确的战略规划，包括产品战略、市场战略、竞争战略及资金运用战略等，在运营中保证业务与战略的一致，在未来的工作中更多地获取战略性成功而非机会性成功。因此，受训者对于企业经营从感性认识上升到了理性认识，透过模拟的现象看到了运营的本质，达到了“突破学科壁垒，拓展知识体系，锻炼管理能力，提升综合素质”的实训效果。

1. 专业知识收益

通过该课程的学习，无论是教师还是学生都感到受益颇多。总体来讲，在专业知识方面取得的收益主要表现在以下六个方面。

1）亲身体验一个制造型企业完整的管理流程，包括物流、资金流和信息流的协同，企业实际运营中各个部门和管理人员之间的密切配合。

2）理解企业对“血液系统”——现金流控制的重要性，体验企业财务管理的全部流程，全面、系统地掌握三大财务报表的形成过程以及公司财务分析的方法和工具。实训中，学生要针对公司的资产、负债、收入、费用等财务指标进行分析，并结合企业的整体战略，为企业管理和决策提供有力的财务信息支持，包括制定资金预算及投资计划、管理与控制现金流、编制财务报表、运用财务指标进行内部诊断等。

3）理解企业的“消化系统”——接受订单、原材料采购、生产、库存、销售等各环节中物流的相互协调，以及产销排程、成本控制、看板管理等理论和方法。实训中，学生必须考虑投资与融资的协同、研发和生产的配合、生产能力与市场需求的匹配，通过生产实践来寻求最理想的生产与销售组合模式。

4）理解企业的“神经系统”——各种基础数据信息的获取流程，以及信息流对企业决策的关键作用，理解企业进行信息化建设的必要性和紧迫性，并承担由于信息滞后或者信息不对称给企业决策带来的致命后果。

5）理解市场战略，学会分析与预测企业营销环境。实训中，学生进行市场分析与决策，包括制订产品组合与市场定位策略、投标与竞标策略以及分析营销效率等。同时，学会如何找准市场的关键切入点，迅速抢占、积极建立并努力维护已有的市场地位，并寻找不同市场的最佳获利机会，合理进行市场投入。充分运用博弈理论，制订自己的针对性策略——出其不意，攻其不备；深刻剖析竞争对手的策略——知己知彼，百战不殆。

6）理解企业人力资源管理的重要性。在实训过程中，会遇到企业经营中经常出现的各种典型问题，学生必须一起分析问题，制订决策，组织实施，解决问题。因此，必须建立以整体利益为导向的组织，树立共同的价值观和经营理念，树立整体与全局意识，建立企业内部各部门之间顺畅的沟通渠道，凸显团队协作精神，从而培养学生作为未来企业管理者所必须具备的素质。

2. 综合素质收益

ERP 沙盘模拟实训作为企业经营管理仿真教学系统，还可以应用于学生的综合素质训练，使其取得如下收益。

1）建立战略思想。了解战略对于企业的重要作用，掌握如何制订战略、如何执行战略、如何评价战略，深刻体会“良好的计划是成功的一半”这一项目管理思想。

2）树立共赢理念。市场竞争是激烈的，也是不可避免的，但竞争并不一定意味着你死我活，寻求与合作伙伴之间的双赢才是企业发展的长久之道。这就要求企业知己知彼，在市场分析、竞争对手分析上做文章，在竞争中寻求合作。

3）培养全局观念与团队合作精神。通过 ERP 沙盘模拟实训课程的学习，学生可以深刻体会到团队协作的重要性。在企业这艘大船上，CEO（首席执行官）是舵手，CFO（财务总监）保驾护航、CMO（市场总监）冲锋陷阵……每个角色都要以企业总体利益最大化为出发点，各司其职、相互合作，才能赢得竞争、实现目标。

4）关注细节。要养成关注细节的良好习惯。企业发展到一定程度后，往往通过细节才能够更加彰显实力，“细节决定成败”，微小的失误可能酿成大错。

5）保持诚信。诚信是一个企业的立足之本、发展之本。诚信原则在 ERP 沙盘模拟实训课程中体现为对“游戏规则”的遵守，如对市场竞争、财务记录、产能计算规则、生产设备购置以及转产等具体业务的处理。保持诚信是学生立足社会、发展自我的基本素质。

6）个性职业定位。每个个体都是拥有不同个性的存在，这种个性在 ERP 沙盘模拟实训中显露无遗。在分组对抗中，有的小组轰轰烈烈、勇往直前；有的小组稳扎稳打、步步为营；还有的小组则不知所措、懵懵懂懂。显然，个体的个性特征与其胜任角色有一定的关联。但在现实生活中，很多人并不是因为“爱一行”才“干一行”的，大多数情况需要大家“干一行”就“爱一行”。

7）感悟人生。在残酷的市场竞争与企业经营风险面前，是“轻言放弃”还是“坚持到底”？这不仅是一个企业可能面临的问题，更是个人在一个个人生的十字路口需要不断抉择的问题。经营自己的人生与经营一个企业具有一定的相通性。

在 ERP 沙盘模拟实训中，学生经历的是一个从理论到实践再到理论的升华过程，是把自己亲身经历的宝贵实践经验转化为全面的知识理论体系的过程，也是不断提升自身综合素质的过程。学生借助 ERP 沙盘推演自己的企业经营理念，验证自己的运营策略，修正自己的管理思路。每一次基于现场的案例分析及基于数据的企业诊断，都会使学生恍然大悟，磨炼其商业决策敏感度，提升决策能力及战略规划的能力，提升创新创业素质。

课后习题

1．如何理解 ERP 的内涵？

2．谈谈 ERP 发展的各个阶段。如何理解 ERP 的发展离不开企业管理思想与信息技术这两个重要支柱？

补充资料

第 1 章　名词解释

第 2 章
沙盘分解

2.1 沙盘盘面介绍

ERP 沙盘模拟实训是以一套 ERP 物理沙盘教具为载体，融入相关的管理、生产、营销、财务、人力资源等企业经营理念及分析工具而进行教学的一种新型教学模式。模拟推演说明了我们面对的不是一个真实的企业，而是具备了真实对象所拥有的主要特性指标的虚拟企业。一套完整的 ERP 沙盘教具主要包括沙盘盘面以及代表生产设备、产品、货币、原料等的标识。沙盘盘面按照制造企业的职能划分了职能中心，包括企业运营流程中心、营销与规划中心、生产中心、物流中心和财务中心。各职能中心覆盖了企业运营的关键环节，如战略规划、市场营销、生产组织、采购管理、库存管理、财务管理等，是一个制造企业的缩影，每个盘面代表着一家模拟企业。

本教材的编写主要以用友新道 ERP 物理沙盘为蓝本，参考了多届 ERP 沙盘大赛规则，沙盘盘面如图 2-1 所示。

用友新道 ERP 沙盘盘面整体功能划分明晰，便于学生操作，各功能区如图 2-2 所示。

我们根据功能图将 ERP 沙盘所涉及的内容列于表 2-1 中。

2.2 沙盘教具概述

2.2.1 原材料及原材料订单

沙盘中共有四种原材料，用 R1、R2、R3 和 R4 表示，每种原材料用不同颜色的彩币表示，单价均为 1M㊀，具体如图 2-3 所示。

在实训中，原材料可以放入空桶中，放置在盘面上的原材料库里。由于每种原材料在采购时都有采购提前期，因此原材料采购需要提前预订。沙盘中用空桶表示原材料的预订，每使用一个空桶代表预订一个原材料，预订时，将需要预订的原材料数量对应的空桶数量放在原材料订单的位置，如图 2-4 和图 2-5 所示。

㊀ 本书中为了模拟方便，将货币单位统一为 M，代表 100 万元。

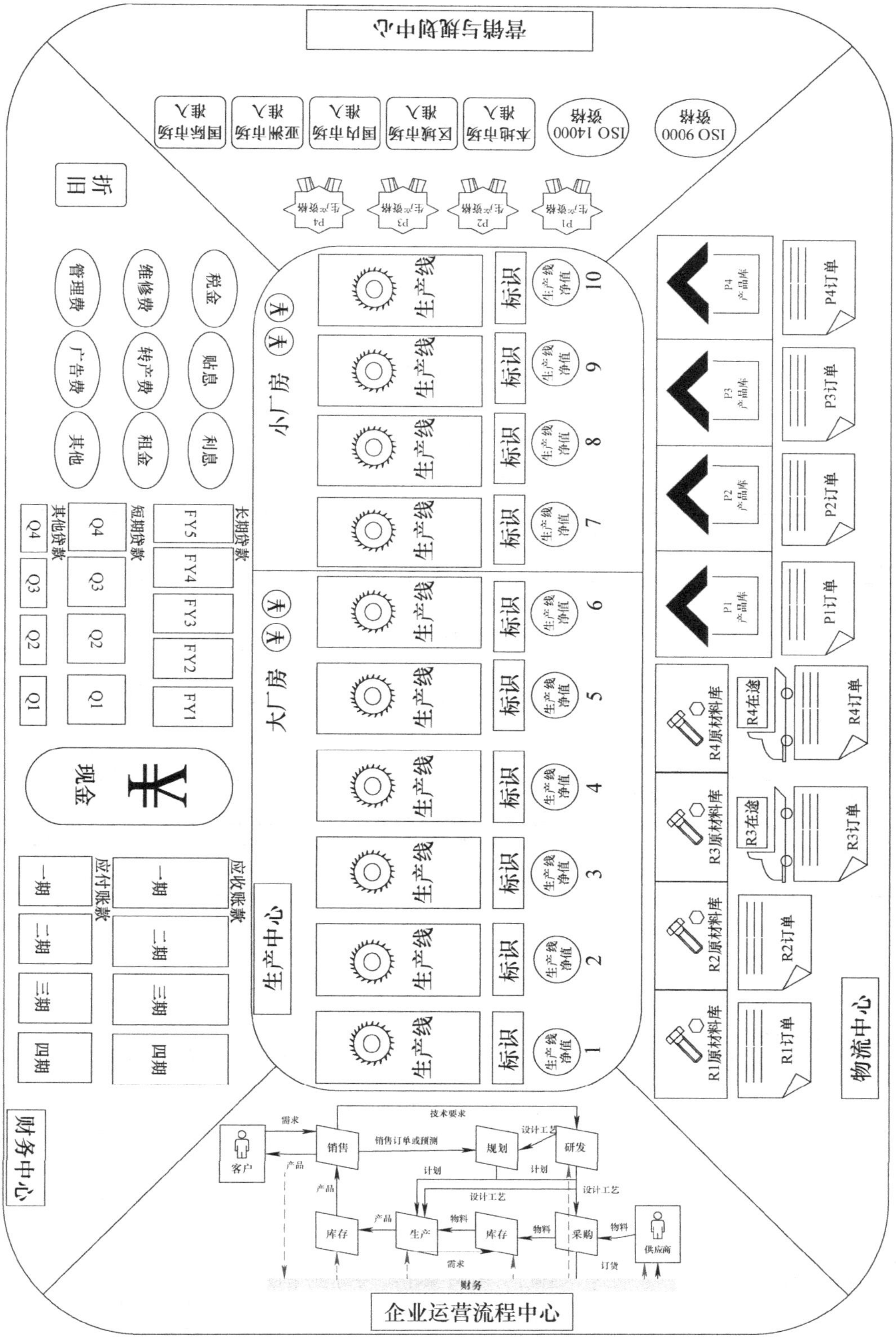

图 2-1　用友新道 ERP 沙盘盘面

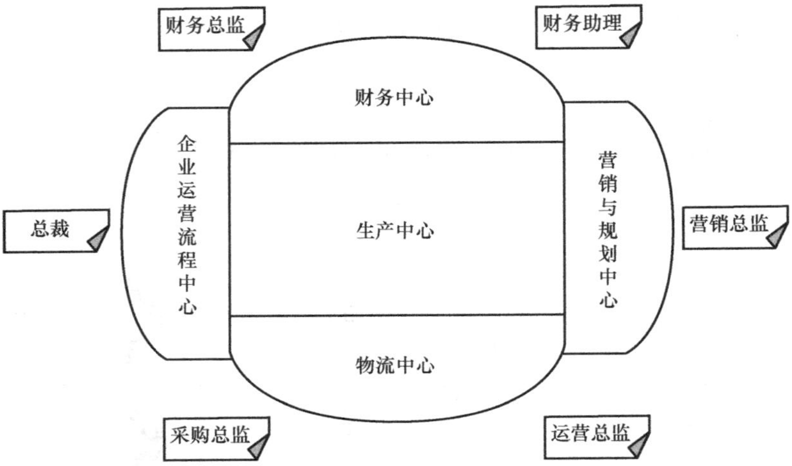

图 2-2 用友新道 ERP 沙盘盘面功能划分

表 2-1 沙盘功能的内容

职能中心的划分	企业运营的关键环节	主要职能	简要说明	备注
企业运营流程中心	战略计划	企业整体规划	为市场开拓、产品研发、生产线调整、投融资等一系列企业运营活动做谋划	为企业发展做好计划
营销与规划中心	市场营销	市场开拓规划	确定企业需要开发的市场。可供选择的市场：区域市场、国内市场、亚洲市场、国际市场（范围超过亚洲）	市场开拓完成，应换取相应的市场准入证
		产品研发规划	确定企业需要研发的产品。可供选择的产品有 P2 产品、P3 产品、P4 产品	产品研发完成，应换取相应的产品生产资格证
		ISO 认证规划	确定企业需要争取获得的国际认证资格：ISO 9000 质量认证、ISO 14000 环境认证	ISO 认证完成，应换取相应的 ISO 资格证
生产中心	生产组织	厂房	沙盘盘面上设计了大厂房和小厂房，大厂房内可以建 6 条生产线，小厂房内可以建 4 条生产线	已购置的厂房通过右侧角摆放的厂房价值标识表示
		生产线	可供选择的生产线：手工生产线、半自动生产线、全自动生产线、柔性生产线。不同型号生产线的价格、生产效率及转产灵活性不同	表示企业已购置的生产线，其净值在生产线下方的“生产线净值”处显示
		在产品	企业可供生产的产品有 P1 产品、P2 产品、P3 产品、P4 产品	表示企业正在生产的产品，通过“产品标识”显示
物流中心	采购管理 库存管理	采购提前期	R1、R2 原料的采购提前期为一个季度；R3、R4 原料的采购提前期为两个季度	没有考虑采购提前期不能使用原材料
		原料库	盘面上共有四个原料库，分别用于存放 R1、R2、R3、R4 原料，每种原料单位价值均为 1M	通过不同的颜色的彩币表示不同的原料：R1 红色、R2 橙色、R3 蓝色、R4 绿色

（续）

职能中心的划分	企业运营的关键环节	主要职能	简要说明	备注
物流中心	采购管理 库存管理	原料订单	代表与供应商签订的订货合同	用放在原料订单处的空桶表示，1 个空桶代表 1 个原料订单
		产成品库	盘面上共有四个产成品库，分别用于存放 P1 产品、P2 产品、P3 产品、P4 产品	每个产成品的价值包括相应的原材料及加工费
财务中心	会计核算 财务管理	现金库	用来存放现金，每个钱币代表价值 1M	现金用灰币表示
		银行贷款	用放置在相应位置上的空桶数量来表示，贷款种类不同则利率不同	长期贷款按年度列示，短期贷款按季度列示
		应收/应付账款	应收账款用放置在相应位置上的装有现金的桶表示，应付账款用放置在相应位置上的空桶表示	应收账款和应付账款均按季度列示
		综合费用	将发生的各项费用置于相应的区域	表示企业的日常运营成本

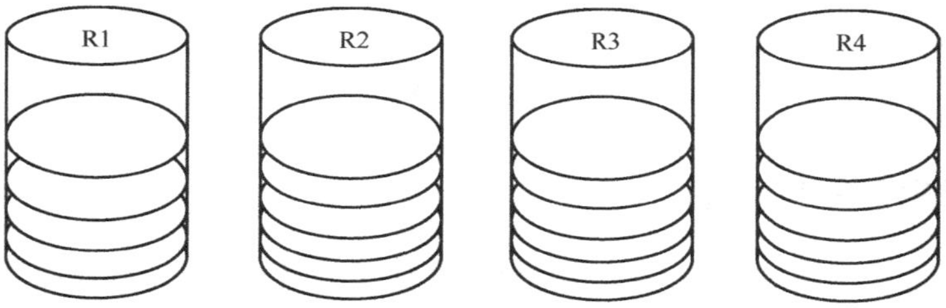

图 2-3　原材料

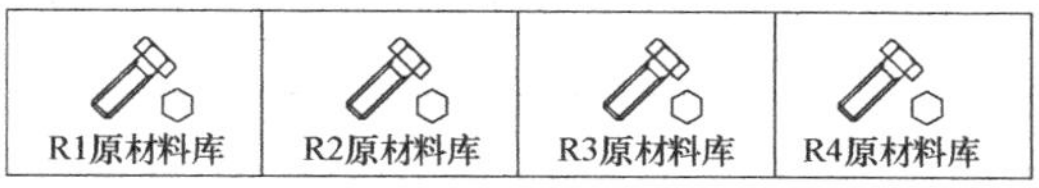

图 2-4　原材料库

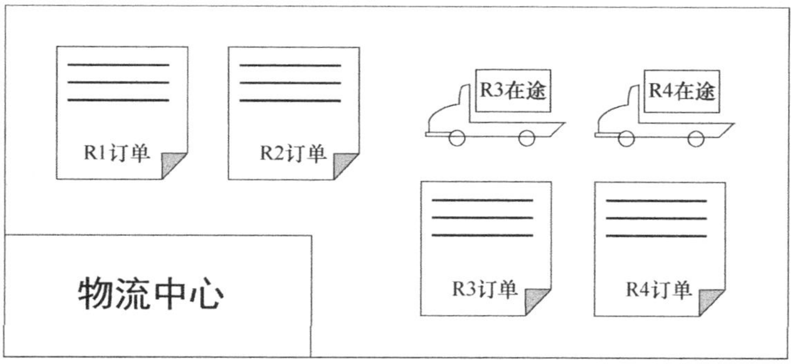

图 2-5　原材料订单

2.2.2　生产线

沙盘中的生产线一共有 4 种类型，分别为手工生产线、半自动生产线、全自动生产线和柔性生产线。每种生产线用不同的颜色表示，同时，生产线中的方格表示生产周期，每一个方格表示一个季度（1Q），如图 2-6 所示。手工生产线生产一个产品需要 3 个季度，半自动生产线生产一个产品需要 2 个季度，全自动生产线和柔性生产线生产一个产品均需要 1 个季度。

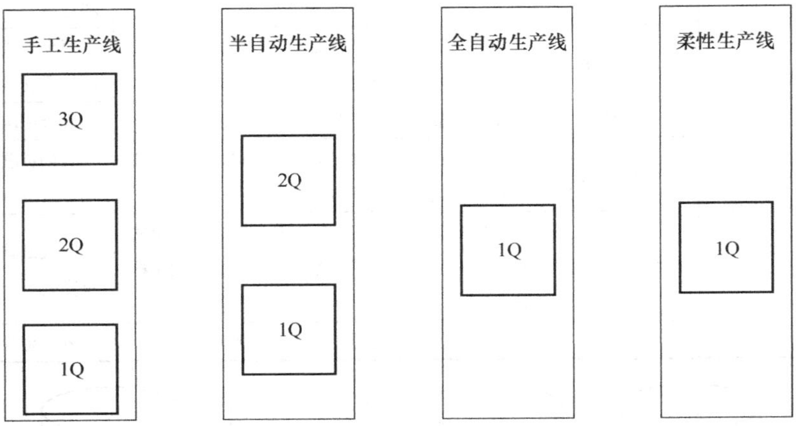

图 2-6　生产线

2.2.3　市场模板与销售订单

市场模板是实训中每年初召开订货会时由 CMO 投放广告费的道具。由于广告费的投放分市场分产品，所以市场模板也按不同的市场和产品区分，通过不同的颜色表示出来，图 2-7 为本地市场和区域市场的模板，其中有不同产品的标识和 ISO 认证的标识。

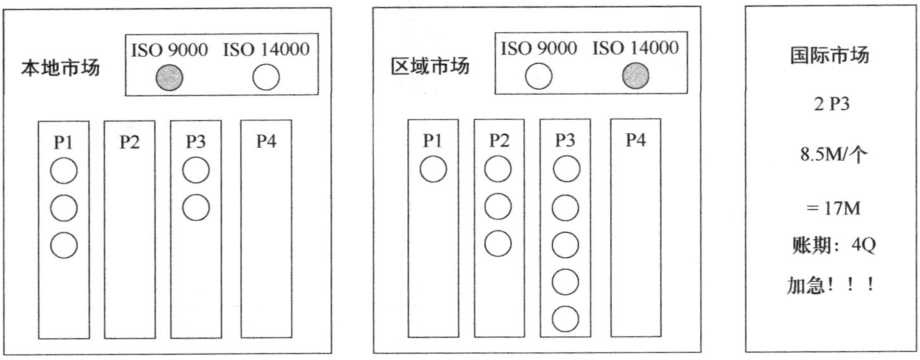

图 2-7　市场模板与销售订单

销售订单是指 CMO 选单时所选择的产品销售订单，代表企业和客户签订的销售合同。企业需要按照合同规定的产品数量和质量要求，生产产品并按期交付；客户需要按照合同规定的付款方式和金额，支付货款。图 2-7 表示企业在国际市场上销售 2 个 P3 产品，单价为 8.5M，合同总价为 17M，当年第一季度交付产品（“加急”默认为必须第一季度交货），收款方式为应收账款，于 4 个季度后到期入账。

2.2.4　生产中心

生产中心主要有厂房和机器设备，沙盘中共有大厂房和小厂房两个生产中心，如图 2-8 所示，大厂房有 6 条生产线的容量，小厂房有 4 条生产线的容量。每条生产线生产的产品可通过下方的标识来表示，同时生产线净值也可以通过沙盘盘面显示。

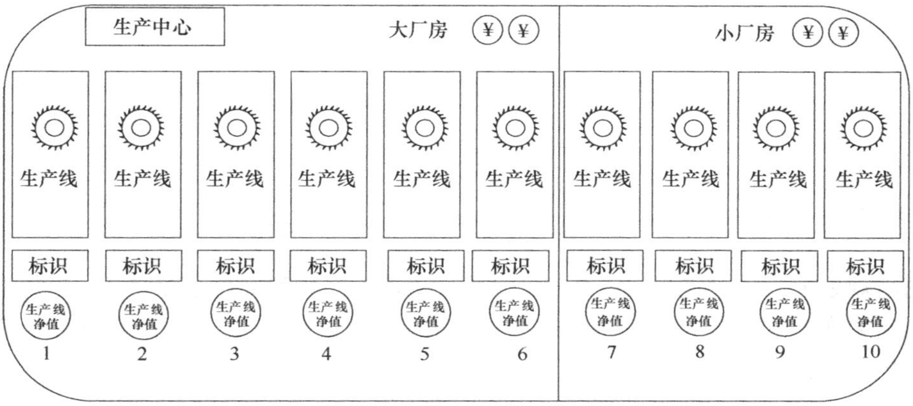

图 2-8　生产中心

2.2.5　物流中心

物流中心的功能主要是原材料采购和产成品销售。其中，原材料采购有采购提前期。如图 2-9 所示，物流状态以 R1 订单、R2 订单、R3 订单、R4 订单、R3 在途和 R4 在途来表示。

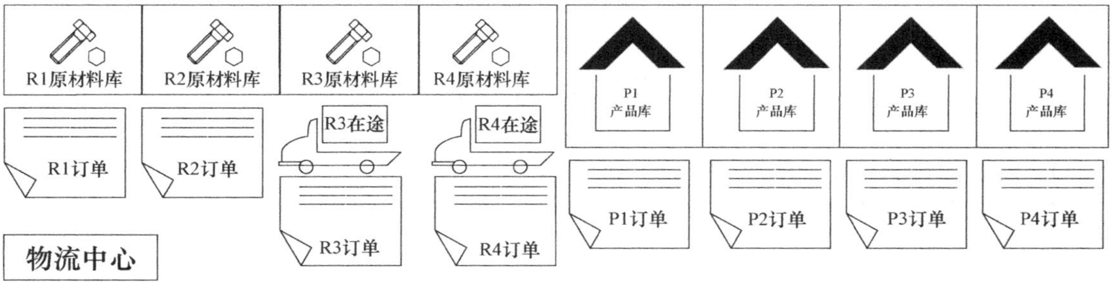

图 2-9　物流中心

2.2.6　财务中心

财务中心的功能主要包括长期贷款、短期贷款、其他贷款、应收账款、应付账款、现金、折旧及综合费用等，如图 2-10 所示。其中，沙盘上长期贷款的纵列以年度为时间单位，离现金库最近的“FY1”为第一年；短期贷款、其他贷款的纵列以季度为时间单位，离现金库最近的“Q1”为第一季度；应收账款、应付账款的纵列也以季度为时间单位，即以 Q 为一个时间周期，离现金库最近的“一期”为第一个季度；折旧以年度为时间单位计提，综合费用按照发生时间记录支出。

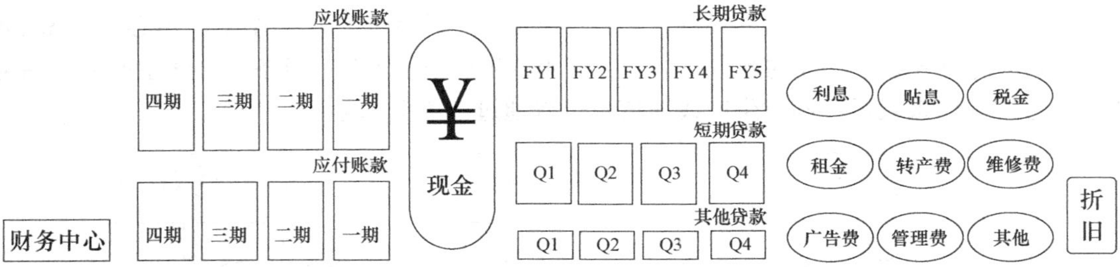

图 2-10　财务中心

2.2.7　营销与规划中心

营销与规划中心的功能主要是新产品研发、新市场开拓和 ISO 资格认证。当每一个任务完成时，需要在实训教师处换取相应的准入资格证，才可以在下一年度/季度进行竞单与生产。具体如图 2-11 所示。

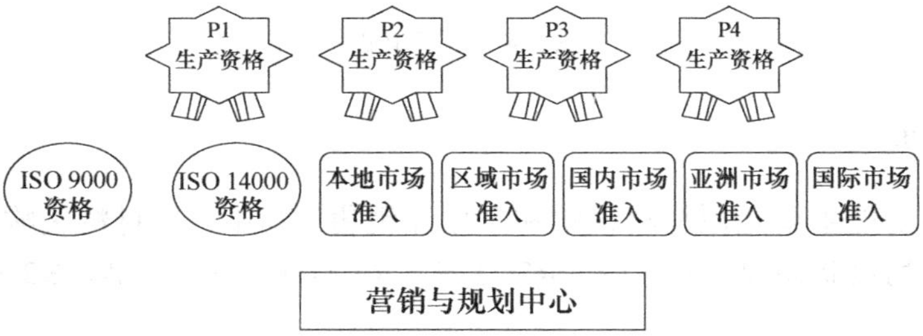

图 2-11　营销与规划中心

课 后 习 题

1. ERP 沙盘的盘面上体现了企业的哪些职能部门及要素？
2. 什么是企业组织结构？

补 充 资 料

第 2 章　名词解释

第 3 章

实训准备工作

3.1 实训分组

一般来说，根据教学道具的数量不同，一个模拟市场可以容纳 6～8 个模拟企业，对应模拟企业数量实训时将学生分成若干个小组，每组 5～8 名队员，每个学生担任不同的角色，具体设置为首席执行官（Chief Executive Officer，CEO）、财务总监（Chief Financial Officer，CFO）、生产总监（Chief Operating Officer，COO）、市场总监（Chief Marketing Officer，CMO）、采购总监（Chief Procurement Officer，CPO）、财务助理（Assistant to Chief Financial Officer，ACFO）、信息总监（Chief Information Officer，CIO）和信息顾问（Information Consultant，IC）。

学生人数较少时，信息总监、财务助理和信息顾问 3 个角色可以选设，其中信息总监常在电子沙盘中设置，成员不宜少于 5 人，以承担 5 个基础角色。

根据现代企业管理制度，模拟企业组织结构设置如图 3-1 所示。

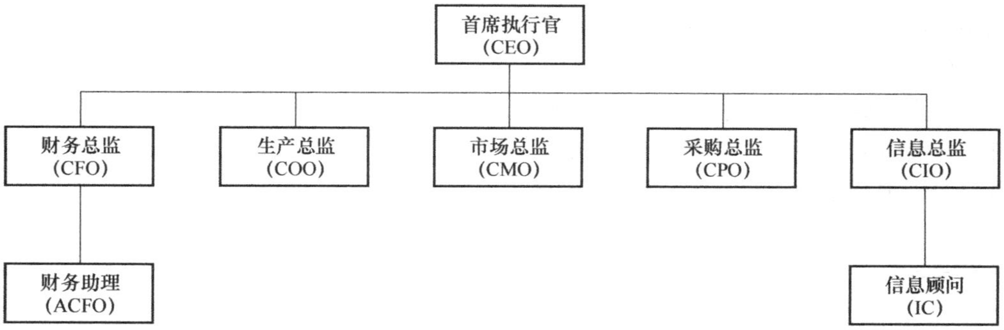

图 3-1　模拟企业组织结构设置

3.2 角色职责

3.2.1 首席执行官（CEO）

首席执行官是指在一个企业中负责日常事务的最高行政官员，在公司或组织内部拥有最终的执行权力。在沙盘实训中，模拟企业所有的重要决策均由首席执行官带领团队成员共同制定。作为首席执行官，其职责主要包括以下几个方面：

1）负责制定和实施企业总体发展战略和年度经营计划。

2）带领整个团队共同制定、执行企业决策。

3）审核财务状况，对企业盈利（亏损）结果负责。

4）作为企业管理层核心，拍板确定团队有争议的决策。

3.2.2 财务总监（CFO）

财务总监是企业财务部门的核心人物，履行所有财务职能，也是对企业的财务会计、出纳活动进行全面监督与管理的高级管理人员。财务总监不仅要对企业财务活动的合法性、真实性、有效性等进行监督，还应对企业会计核算的谨慎性、可靠性、可比性、相连性等进行监督。财务总监的职责主要包括以下几个方面：

1）制订投资计划，评估应收账款金额与回收期。

2）洞悉资金短缺前兆，以最优方式筹措资金。

3）掌握资金来源与用途，妥善控制成本。

4）分析财务报表，掌握数据含义与报表重点。

5）运用财务指标进行内部诊断，协助企业管理决策。

6）编制财务报表，管理投资报酬，评估决策效益。

3.2.3 生产总监（COO）

生产总监是企业生产部门的关键人物，对企业的一切生产活动进行管理，并对生产活动及产品开发最终负责。生产总监既是企业生产计划的制订者和决策者，又是生产过程的监控者。生产总监的职责主要包括以下几个方面：

1）负责企业的生产管理活动。

2）协调完成生产计划和生产资源调度。

3）开展企业产能预算并控制生产成本。

4）保持生产正常运行，按期交货。

5）组织新产品研发，改进、扩充生产设备。

6）做好生产车间的现场管理。

3.2.4 市场总监（CMO）

企业的利润主要来自企业产品的销售收入，产品销售的实现是企业生存和发展的关键。因此，市场总监责任重大，他是专门负责市场运营工作的高级管理人员。市场总监的职责主要包括以下几个方面：

1）维护企业现有市场，积极拓展新市场。

2）预测市场规模，制订销售计划。

3）投放广告，根据企业生产能力取得销售订单并做登记。

4）配合部门按时交货，监督货款按时收回，进行客户关系管理。

3.2.5　采购总监（CPO）

原料采购是企业生产的首要环节，采购部门是为其他部门供应物料的部门，也是关系到企业成本的重要部门。采购总监是采购部门的总负责人，其职责主要包括以下几个方面：

1）了解和掌握市场供求信息。

2）编制并实施原材料采购、供应计划。

3）分析物料供应渠道和市场变化。

4）做好仓储管理工作。

3.2.6　信息总监（CIO）

信息总监是负责企业内部信息系统和信息资源规划及整合的高级行政管理人员。在实训中，信息总监特指在电子沙盘操作中负责操作电子沙盘系统的人员。信息总监的职责主要包括以下几个方面：

1）操作电子沙盘系统。

2）记录企业相关运营信息。

3）整理工作资料文档。

4）协调各部门人员工作。

3.2.7　财务助理（ACFO）

财务助理是在日常工作中辅助财务总监，完成最基本财务工作的人员。财务助理的职责主要包括以下几个方面：

1）日常现金收支管理。

2）定期审核企业经营状况。

3）进行现金预算。

3.2.8　信息顾问（IC）

信息顾问是指通过正当渠道收集商业情报、获取竞争对手的信息，从而为本企业发展决策提供有价值的商业信息的人员。信息顾问的职责主要包括以下几个方面：

1）收集和分析市场供给与需求信息。

2）监控竞争对手发展动向。

3）为企业提供发展建议。

3.3　实训教师职责

为了保证整个模拟市场经营活动公平、顺利进行，实训教师要承担以下角色和相应任务，具体如表 3-1 所示。

表 3-1　实训教师职责

课程阶段	教师角色	具体任务
组织准备阶段	上届董事长	引导学生进行角色分配
基本情况描述	上届董事长	向新一届董事会介绍企业基本情况
企业运营规则	裁判	向各企业讲明市场运营规则
初始状态设定	引导者	引导学生摆设企业初始年经营沙盘盘面
企业经营竞争模拟	市场信息发布员	向市场参与者发布预计市场动向信息
	广告招标中心	根据广告费用等标准安排企业订单选取次序
	客户	与各企业签订产品销售订单并按订单收购产品
	原材料供应商	向各企业供应各类原材料
	银行	向各企业提供各类贷款并收回贷款
	股东	向有需要并符合要求的企业注资
	民间借贷机构	向企业提供民间融资并收回贷款
	审计	流程监督
现场案例解析	评论家、分析师	针对运营中出现的问题给予分析、评价

3.4　实操建议

3.4.1　团队建设

大海是由无数的水滴组成的，每个人都是团队中的一滴水；1+1＞2，个人的力量敌不过团队；个人的成功只是暂时的，而团队的成功才是永久的。ERP 沙盘模拟经营是一门操作性很强的课程，小组成员的配合和专业能力的互补非常重要，也就是人们常说的“团队”（Team）。团队是由基层人员和管理层人员组成的一个共同体，它合理利用每一个成员的知识和技能协同工作，解决问题，达到共同的目标。团队建设是指为了实现团队绩效及产出最大化而进行的一系列结构设计及人员激励等团队优化行为。团队建设主要是通过自我管理的小组形式进行的，每个小组由一定数量的员工组成，负责一个完整的工作过程或其中一部分工作。团队精神，简单来说就是大局意识、协作精神和服务精神的集中体现，其基础是尊重个人的兴趣和成就，核心是协同合作，最高境界是全体成员的向心力、凝聚力，也就是个体利益和整体利益统一后推动团队的高效率运转。

因此，将实训的学生分成若干小组，目的就是组成不同的团队，从而达到团队建设的目标。由于学生之间的熟悉程度、学科专业门类的差异以及工作经历的不同，一般建议培训指导教师区别对待，以便收到更佳的培训效果。

3.4.2　分组方式

如果受训学生之间都比较熟悉，如同班学生或者同专业的学生，在课程之初，可以通过让学生演讲自荐的方式推选 6～8 个企业 CEO，然后其他同学根据其表现，通过双向选择的方式，依据能力互补的原则组成小组。这样一方面锻炼了学生的演讲表达能力，另一方面也能训练学生的沟通与组织能力。

如果是短期培训班，由于是临时组建的班级，学员互相不熟悉，可以先做一些拓展活动。例如开场时，指导教师带领学员做一些破冰小游戏，先让大家熟悉起来，再引导学员组成不同的小组，组内成员之间互相了解姓名、职业等。接下来再在小组内由组员竞选或者推荐CEO，最后分配其他岗位人员。

小组成员的职位确定好后，成员带上岗位胸牌，按照 ERP 沙盘功能区域调整座位，以便于沙盘推演操作。

3.4.3 教师任务

工作进展到此处，指导教师要根据自己在沙盘实践中所承担的责任，引导学生开始团队文化建设、组织战略制定、发展规划起草等工作。一般来说，先让学生小组为企业确定一个响亮大气的名称，思考制定企业的经营战略、发展目标，拟定企业愿景以及使命等。指导教师引导各组 CEO 总结其小组成员的发言后，一般由各组 CEO 或者 CEO 指定人员代表小组进行小组基本情况宣讲。各组代表可以先向大家展示团队风采、成员分工，然后再描述自己企业未来美好的发展蓝图等，营造出一种积极向上的竞争氛围。

至此，企业团队建设基本完成。这些活动的开展，在课程实践中更有利于学生之间的沟通和了解，建立统一的团队精神和基本的企业文化，让学生有更多的仪式感和融入感，逐步形成一定的竞争意识。

3.4.4 课程现场布置

为方便 ERP 沙盘实验教学开展，便于教学过程中各项工作的沟通和组织，特提出以下两点建议：

（1）教学场地摆设

在沙盘操作过程中，可以按照如图 3-2 所示摆设教学场地。如果是会议室效果更好，面积一般不宜小于 $100m^2$。

（2）硬件要求

ERP 物理沙盘盘面及教具 1 套，投影仪、幕布 1 套，主流配置计算机 1 台，白板 1 块，音响功放等扩音设备 1 套等。

注：这一环节一般要求在 ERP 沙盘课程培训活动开始前就做好准备。

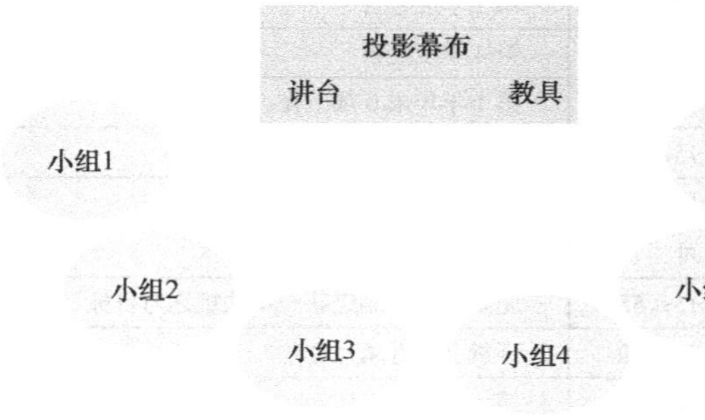

图 3-2 教学场地摆设示意图

3.4.5 课程时间安排

因为 ERP 沙盘模拟推演实训是一门操作性极强的实验课程，一般建议开课后连续完成，中间尽量不要停顿，以避免学生遗忘操作和教具意外变动对实验带来不必要的影响。时间安排最好不少于两天（16 个课时），一般三天（24 个课时）时间会比较宽裕。

ERP 沙盘推演时间把控参考如表 3-2 所示。

表 3-2　ERP 沙盘推演时间把控参考

时间	开场内容
第 1 天 8：00	师生相互认识，教师讲解沙盘开设的目的、内容及简要介绍
第 1 天 8：10	选出 6 个 CEO
第 1 天 8：20	CEO 招兵买马，组建新团队，并分配岗位；规划蓝图，就职演讲
第 1 天 8：40	认识盘面，并按盘面功能区就近入座
第 1 天 8：50	教师讲解规则，介绍学员手册使用方法及各种教具
第 1 天 9：35	课间休息
时间	**初始年经营**
第 1 天 9：40	初始年盘面设置
第 1 天 9：50	第 1 季度经营
第 1 天 10：10	第 2 季度经营
第 1 天 10：30	第 3 季度经营
第 1 天 10：50	第 4 季度经营
第 1 天 11：10	年末 6 项工作
第 1 天 11：30	关账
第 1 天 11：40	学员提问，教师点评
第 1 天 12：00	下课
时间	**第 1 年经营**
第 1 天 14：00	团队会议，制定新一年的规划与目标
第 1 天 14：05	订货会，并填写订单
第 1 天 14：15	第 1 年初始工作
第 1 天 14：20	第 1 季度经营
第 1 天 14：35	第 2 季度经营
第 1 天 14：50	第 3 季度经营
第 1 天 15：05	第 4 季度经营
第 1 天 15：20	第 1 年年末 6 项工作
第 1 天 15：35	关账
第 1 天 15：50	课间休息
时间	**第 2 年经营**
第 1 天 15：55	团队会议，制定新一年的规划与目标
第 1 天 16：00	订货会，并填写订单
第 1 天 16：10	第 2 年初始工作
第 1 天 16：15	第 1 季度经营
第 1 天 16：30	第 2 季度经营
第 1 天 16：45	第 3 季度经营
第 1 天 17：00	第 4 季度经营
第 1 天 17：15	第 2 年年末 6 项工作
第 1 天 17：30	关账
第 1 天 17：45	CEO 发表感言，教师点评
第 1 天 18：00	下课

（续）

时间	第3年经营
第2天8：00	团队会议，制定新一年的规划与目标
第2天8：05	订货会，并填写订单
第2天8：15	第3年初始工作
第2天8：20	第1季度经营
第2天8：35	第2季度经营
第2天8：50	第3季度经营
第2天9：05	第4季度经营
第2天9：20	第3年年末6项工作
第2天9：35	关账
第2天9：50	课间休息
时间	**第4年经营**
第2天9：55	团队会议，制定新一年的规划与目标
第2天10：00	订货会，并填写订单
第2天10：10	第4年初始工作
第2天10：15	第1季度经营
第2天10：30	第2季度经营
第2天10：45	第3季度经营
第2天11：00	第4季度经营
第2天11：15	第4年年末6项工作
第2天11：30	关账
第2天11：45	CEO发表感言，教师点评
第2天12：00	下课
时间	**第5年经营**
第2天14：00	团队会议，制定新一年的规划与目标
第2天14：05	订货会，并填写订单
第2天14：15	第5年初始工作
第2天14：20	第1季度经营
第2天14：35	第2季度经营
第2天14：50	第3季度经营
第2天15：05	第4季度经营
第2天15：20	第5年年末6项工作
第2天15：35	关账
第2天15：50	课间休息
时间	**第6年经营**
第2天15：55	团队会议，制定新一年的规划与目标
第2天16：00	订货会，并填写订单
第2天16：10	第6年初始工作
第2天16：15	第1季度经营
第2天16：30	第2季度经营

（续）

时间	第 6 年经营
第 2 天 16：45	第 3 季度经营
第 2 天 17：00	第 4 季度经营
第 2 天 17：15	第 6 年年末 6 项工作
第 2 天 17：30	关账
第 2 天 17：45	评分，排名次；学员发表感言，教师点评（这是重点，让学员谈谈两天经营的体会，并总结成功、失败的因素，教师给予总评）
第 2 天 18：10	评出最佳团队、各个最佳角色
第 2 天 18：20	下课，结束培训课程

注：每一步的时间可以根据实际操作进行调整，也可多做一年或少做一年，但是要提前告知学员。

课 后 习 题

1．ERP 沙盘模拟实训包括哪些主要角色？简述其岗位职责。

2．如何理解团队协作的重要性？

补 充 资 料

第 3 章　名词解释

第4章 沙盘模拟实训规则

4.1 企业经营的本质

企业一般是指以盈利为目的，运用各种生产要素（土地、劳动力、资本、技术和企业家才能等），向市场提供商品或服务，实行自主经营、自负盈亏、独立核算的法人或其他社会经济组织。

经营是指企业以市场为对象，以商品生产和商品交换为手段，为了实现企业的经济利润目标，使企业的投资、生产、销售等经济行为与企业的外部环境保持动态均衡的一系列有组织的活动。

企业是一个以盈利为目的的组织，因此，经营的最终目的必然是盈利。那么，企业如何才能实现盈利呢？当然，在谈盈利之前，企业首先要能够生存（持续经营），只有能够生存下来，企业才有机会谈及盈利。

4.1.1 企业生存

企业在市场上能够生存下来的基本条件有两个：一是以收抵支；二是到期还债。因此，也可以从另外一个角度来理解，那就是如果出现如下两种情况，那么企业将面临破产倒闭：

（1）现金断流

在市场经济条件下，企业现金流量在很大程度上决定着企业的生存和发展能力。即使企业有盈利能力，但若出现金周转不畅、调度不灵，也会严重影响企业正常的生产经营，最终可能会威胁到企业的生存。因此，现金流量信息在企业经营和管理中的地位越来越重要。

因此，我们在实训中规定，如果企业现金不足，导致现金断流，如企业的负债到期无力偿还，企业就会破产，退出市场竞争。

（2）资不抵债

资不抵债是指企业的全部资产合计总额不足以偿付其所负的全部债务合计总额。企业至少应当拥有相当于注册资本数额的资产，当企业净资产为零时，即意味着投资人的原始出资（即注册资本）全部亏尽，企业的财产基石已不复存在。此时，投资人要么通过增加注册资本——增资的方式来拯救公司，要么只能面对客观现实——有可能破产清算。

因此，我们在实训中规定，如果企业出现资不抵债的现象，其所有者权益变为负数时，则企业“破产”，退出市场竞争。

4.1.2 企业盈利

企业经营的最终目的是盈利。从利润表的构成中可以看出，企业要使得利润增加，主要途径有两个：一是增加收入（开源）；二是降低成本（节流）。

1．增加收入

企业利润主要来自销售收入，销售收入由销售单价和销售量两个因素决定。

（1）销售单价

在实训中，销售单价受多个因素的制约，因此，企业需要综合考虑以下几个因素：

1）销售单价是每个销售订单上的不变量，但不同的销售订单，其销售单价可能不一样。

2）销售单价和企业的销售方式有关，即企业销售产品是赊销还是现销。

3）销售单价和应收账款的账期有关。

（2）销售量

在实训中，由于销售单价是一个相对不变量，因此，企业提高利润最直接有效的途径就是增加销售量。增加销售量有以下几种方式：

1）扩大现有市场，开拓新市场。

2）研发新产品。

3）扩建或者改造生产设施，提高产能。

4）合理加大广告投放，进行品牌宣传。

2．降低成本

成本是用货币计量的生产和销售一定种类与数量的产品所耗费资源的经济价值。企业生产产品需要消耗生产资料和劳动力，这些消耗在成本中用货币计量，就表现为材料费用、折旧费用、工资费用等。企业的经营活动不仅包括生产活动，还包括销售活动，因此在销售活动中所发生的费用和为了管理生产所发生的费用，也应计入成本；另外，为了统筹管理生产经营活动所发生的费用也具有形成成本的性质。具体的企业成本构成、沙盘中的成本及成本性态如表 4-1 所示。

表 4-1　企业成本构成、沙盘中的成本及成本性态

企业部分成本构成			沙盘中的成本	成本性态
产品成本（制造成本）	直接支出	直接材料	原材料	不可变成本
		直接人工	加工费	不可变成本
	制造费用	直接制造费用		不可变成本
		间接制造费用	车间租金、生产线折旧费、转产费、维护费等	可变成本
非制造成本（期间费用）	管理费用		行政管理费	不可变成本
	销售费用		广告费、市场开拓费、产品研发费、ISO 认证费	可变成本
	财务费用		贷款利息费、应收账款贴现费	可变成本

（1）降低产品成本

通过表 4-1 可以看出，产品成本主要由直接材料、直接人工和制造费用构成，其中制造费用又分为直接制造费用和间接制造费用。

1）直接材料。在实训中，原材料费用是由产品的物料清单结构决定的，因此，在不考虑其他因素的情况下，原材料费用属于不可变成本，没有降低的空间。

2）直接人工和直接制造费用。在实训中，直接人工和直接制造费用统称加工费。实训规则为用不同的生产线生产任何产品，其加工费均是相同的，因此，该部分属于不可变成本，无法降低。

3）间接制造费用。在实训中，间接制造费用主要是指厂房租金、生产线折旧费、转产费和维护费。这些费用属于可变成本，可以通过企业合理的生产计划来降低一部分。

（2）降低非制造成本

通过表 4-1 可以看出，非制造成本主要包括 3 项期间费用，即管理费用、销售费用和财务费用。

1）管理费用。在实训中，管理费用主要是指行政管理费。实训规则规定每个企业每季度行政管理费均为 1M，因此，管理费用是不可变成本，无法降低。

2）销售费用。在实训中，销售费用主要是指广告费、市场开拓费、产品研发费、ISO 认证费。这些费用是由企业战略所决定的，因此属于可变成本。企业可以通过制定不同的企业发展战略来节约一部分成本。

3）财务费用。在实训中，财务费用主要是指贷款利息费、应收账款贴现费。这两项费用取决于企业的资金筹资计划，因此属于可变成本。企业可以通过制订不同的筹资计划、掌控资金的来源与用途、确定合理的资金成本等方式来达到降低成本的目的。

4.2　市场规则

4.2.1　市场开发规则

企业在经营过程中，市场是其进行产品销售的场所，代表着企业的销售能力。在实训中，市场类型主要划分为本地市场、区域市场、国内市场、亚洲市场和国际市场五种。在 ERP 沙盘模拟推演初期，设定企业仅拥有本地市场，其他四个市场都需要企业在运营过程中自行决定开发与否。

企业在进入某个市场之前，一般需要进行前期的市场调研、选址办公、处理好公共关系、策划市场活动等一系列工作。而这些工作均需要消耗一定的资源——资金及时间。同时，由于每个市场的地理位置及所属行政区划不同，因此对其进行开发所需要的资金及时间也不一样，在市场开发完成之前，企业不具备进入该市场销售产品的条件。

不同市场的开发时间及投资情况如表 4-2 所示。

表 4-2　市场开发表

市场类型	每年投资额	投资周期（年）	全部投资总额	操作
本地市场	无			直接获得准入证
区域市场	1M	1	1M	1. 将相应的投资额放在盘面上“市场准入”的位置 2. 当完成全部投资后，到教师处换取相应的市场准入证
国内市场	1M	2	2M	
亚洲市场	1M	3	3M	
国际市场	1M	4	4M	

每个市场的开发时间在每年年末，每次投入 1M，只能平均投入，允许中断或终止，但不允许超前投资、一次性投资。投资时，将 1M 投入“市场准入”的位置，并将投资额记录到“市场开发登记表”中。当完成投资后，到教师处换取相应的市场准入证，并将市场准入证放在盘面的相应位置。企业只有获得准入资格才能从下一年度参加相应市场的订货会，表示此后可以在该市场上进行广告宣传、争取客户订单了。

对于所有已进入的市场来说，如果因为资金或者其他方面的原因，企业某年不准备在该市场进行广告投放了，那么也必须投入 1M 的资金来维持当地营销部门的正常运转，否则就视为放弃了该市场，再次进入该市场时需要重新开发。但是，放弃本地市场后不可再次进入，也就是说，放弃本地市场后即使通过再次开发也不能进入该市场。

区域市场、国内市场、亚洲市场和国际市场之间为并列关系，非递进关系，即企业可以同时开发所有的市场或者只开发其中某一个市场。

4.2.2 市场订单规则

1. 市场预测

企业在经营中，进入某一个新市场中进行产品销售时，首先要进行市场预测。市场预测就是运用科学的方法，对影响市场供求变化的诸多因素进行调查研究，分析和预测其发展趋势，掌握市场供求变化的规律，为企业经营决策提供足够的依据。

在实训中，市场预测是模拟一家权威的市场调研机构对未来 6 年里各个市场的需求所做的预测，这是可信度较高的预测。企业可以根据这一预测进行经营运作，但其后果由企业自行承担。具体市场预测结果见附录 B.1。

2. 广告投放

投入广告费有两个作用：一是获得拿取订单的机会；二是判断选单顺序。广告费是分市场、分产品投入的，如图 4-1 和表 4-3 所示。投入 1M 广告费，可以获得 1 次拿订单的机会，1 次机会只允许取得 1 张订单；如果要获得更多拿订单的机会，每增加 1 次机会需要增加 2M 广告费投入。例如，投入 5M 广告费有 3 次获得订单的机会，最多可以获得 3 张订单，但是能否有 3 次拿订单的机会，则取决于市场需求、竞争态势等，即订单数量的多少；如果只投入 2M 广告费，其实只有拿 1 张订单的机会，但是比投入 1M 广告费拥有优先选单的次序权利。

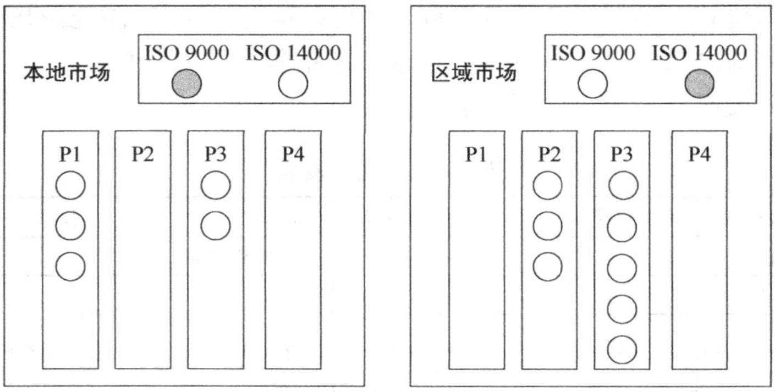

图 4-1　广告投放模板

表 4-3 广告投放记录表

广告投放		本地市场	区域市场	国内市场	亚洲市场	国际市场
年度	P1 产品					
	P2 产品					
	P3 产品					
	P4 产品					
ISO 9000						
ISO 14000						

如果要获取标有 ISO 要求的订单，首先要完成 ISO 资格认证，然后在每次投入广告费时，在 ISO 9000 和 ISO 14000 的位置上分别投入 1M 的广告费，或只选择 ISO 9000 或 ISO 14000，这样就有资格在该市场的任何产品中取得标有 ISO 9000 或 ISO 14000 的订单（前提是具有获得产品的机会）；否则，无法获得标有 ISO 要求的订单，如图 4-1 所示市场广告投放记录表如表 4-3 所示。

3．市场地位

市场地位是针对每个市场而言的。企业的市场地位根据上一年度各企业的销售额排序，销售额最高的企业成为该市场的市场领导者，俗称“市场老大”。

4．选单流程

1）各企业将广告费按市场、产品填写在市场广告投放记录表中。

2）指导教师根据各企业所投入的广告费多少来预测订单需求量。

3）根据预测需求量发出可供选择的订单。发出订单的数量依据以下原则确定：

① 如在某个产品上，所有企业的总需求量（根据广告费计算）大于市场上该产品的订单总数，则发出该产品的全部订单供各企业选择。比如，所有企业共计需要 8 张订单（根据广告费计算），市场上只有 7 张订单，则可供选择的订单为 7 张，即订单全部发放。

② 如果在某个产品上，所有企业的总需求量小于市场上该产品的订单总数且有多于一家的企业投放了该产品的广告（非独家需求），将按照订单的总需求量（所有企业对订单需求量的总和）发出订单，供有需求的企业选择。

③ 如果在某个产品上只有一家企业投放了广告，即为独家需求，将发放全部订单供该企业选择。

4）排定选单顺序。选单顺序依据以下原则确定：

① “市场老大”优先，即上一年度某市场上所有产品订单销售额第一并且完成了所有订单的企业，本年度在该市场的任何产品上可以优先选单（前提是在该产品上投入了广告费）。

② 按照在某一产品上投入广告费的多少，排列选单顺序。

③ 如果有两家或者两家以上的企业在某一产品上投入的广告费相同，则按照本次市场的总投入量（所有产品上投入广告费的总和加上 ISO 9000 和 ISO 14000 的广告费投入）排定选单顺序。

④ 如果在该市场上广告费总投入量一样，则按照上一年度的市场销售排名（上一年该市场上所有产品的销售额总和）排定选单顺序。

⑤ 如果上一年度的市场销售额排名一样（包括新进入的市场），则按需要竞标确定。具体方法为：把某一订单的销售价和账期信息隐藏，按竞标企业投标所报出的销售价和账期信息，优先选择出价低、账期长的企业。

5）按选单顺序分轮次进行选单，有资格的企业在各轮中只能选择一张订单。当第一轮选单完成后，如果还有剩余的订单，还有选单资格的企业可以按选单顺序再进入下一轮选单。企业也可以根据能力放弃选择订单的权利，若某一轮放弃了选单，即视为退出在以后的各轮中均不得再次参与选单。

5. 订单

在实训中，销售订单可分为普通订单、加急订单和 ISO 订单。具体各订单类型如图 4-2 所示，各种订单的要求说明如表 4-4 所示。

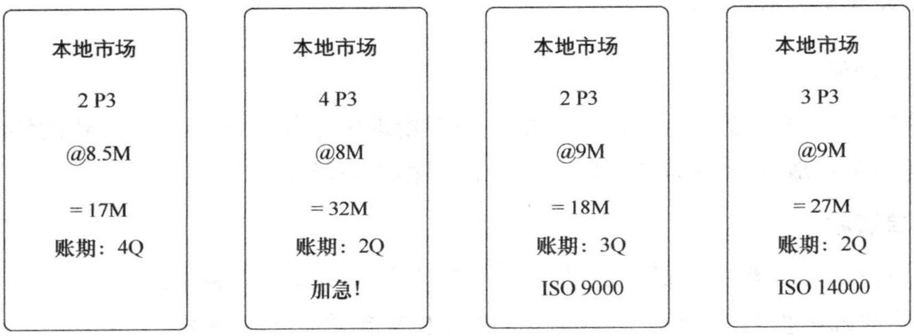

图 4-2　订单类型

表 4-4　订单要求

订单类型	交货时间	获得订单资格要求
普通订单	本年度任何法定的交货时间（4 个季度中规定的交货时间）	投入广告费
加急订单	本年度第一个法定交货时间（第 1 季度中规定的交货时间）	投入广告费
ISO 9000 订单	本年度任何法定的交货时间（4 个季度中规定的交货时间）	具有 ISO 9000 资格证书，且本年度在该市场投入至少 1M 的 ISO 9000 广告费
ISO 14000 订单	本年度任何法定的交货时间（4 个季度中规定的交货时间）	具有 ISO 14000 资格证书，且本年度在该市场投入至少 1M 的 ISO 14000 广告费

6. 市场放弃原则

当第一次进入新开发完成的市场后，以后年份要保持该市场的准入资格，企业每年至少应在该市场上的任意产品投入 1M 广告费。如果企业违反此规定，即视为自动退出该市场，取消该市场的准入资格，收回市场准入证；如果企业以后还需要进入该市场，则需要重新投资开发。需要特别注意的是，如果企业退出本地市场，则永远不能进入本地市场。

7．违约问题

除特殊订单外，所有订单都要求在本年度内完成（按订单上的产品数量交货）。如果订单没有按期完成，则按下列条款加以处罚：

1）下一年度市场地位下降一级（如果是市场销量排名第一的企业，则取消市场领导者资格；并且该市场领导者空缺，所有企业均没有优先选单的资格）。

2）违约订单可在下一年度的任何一个规定的法定交货时间（4 个季度中规定的交货时间）交货，但下一年度必须先上交违约订单，然后才允许交下一年度各市场的正常订单。

3）交货时要扣除订单销售总额的 25%（销售总额÷4，取整）作为违约金。如订单总额为 20M，则交货时只能获得 15M 的货款，违约订单的实际收入计入交货年份的销售收入。

4）对于加急订单的违约，除了下一年度市场地位下降一级外，违约订单必须在本年度其余 3 个规定的交货日交货，且必须先上交加急订单后，才能交本年度其他订单（包括其他市场的订单）。交单时，扣除违约订单销售总额的 25%（销售总额÷4，取整），实际收入计入当年的销售收入。

8．其他交易

其他交易是指企业之间进行的产品、原材料等的交易。所有企业之间的交易必须先填写“产品（原材料）交易订单”（简易合同）（见附录 B.2），并由双方的监督员审核签字，报指导教师备案。为避免恶性竞争，对企业之间交易的价格做以下限定：

原材料和产成品价格不得低于直接成本的 1.5 倍，所有成交价格向上取整，如交易金额为 1.5M 时，取 2M 成交。

4.3　企业运营规则

4.3.1　产品研发及 ISO 认证

企业要生产某种产品，首先要获得该产品的生产许可证，而要获得生产许可证，则首先必须对该产品进行技术研发。P1 产品已经有生产许可证，可以在本地市场进行销售；P2、P3、P4 产品都需要进行研发，才能获得生产许可证。不同产品的技术含量不一样，研发时投入的研发费用和时间也不一样。具体产品研发投资规则如表 4-5 所示。

表 4-5　产品研发投资规则

产品	每季度投资金额	最小投资周期	全部投资总额	操作说明
P2	1M	5Q	5M	1）每季度按照投资额将钱币放在生产资格位置，并填写“产品开发登记表” 2）当完成投资后，带上所有投资的现金和“产品开发登记表”，到指导教师处换取生产许可证 3）只有获得生产许可证后才能开工生产该产品
P3	2M	5Q	10M	
P4	3M	5Q	15M	

产品研发可以中断或终止，但不允许超前或集中投资；已投资的研发费不能回收；尚处于研发过程中的产品，不能开始生产。P2、P3、P4 之间是并列关系，而不是递进关系，即企业可以选择同时研发所有产品，也可以选择只研发其中某一个产品。

在市场经济中，产品质量是企业生存和发展的根本，企业必须力求把握所生产产品的质量，努力把产品做好。同时，企业在生产过程中要控制“三废”（废水、废气和固定废弃物）排放，减少污染，保护环境，谋求可持续发展，这已经成为现代企业的社会责任。因此，实训中提供了 ISO 9000 的质量认证和 ISO 14000 的环境认证资格。企业如果想获得 ISO 相关认证资格，同样需要花费一定的时间和费用，如表 4-6 所示。

表 4-6　ISO 认证投资

ISO 类型	每年投资金额	最小投资周期	全部投资总额	操作说明
ISO 9000	1M	2 年	2M	1）每年按照投资额将钱币放在 ISO 证书位置，并填写“ISO 认证登记表” 2）当完成投资后，带着所有投资和“ISO 9000、ISO 14000 认证登记表”，到指导教师处换取 ISO 资格证 3）只有获得 ISO 资格证后才能在市场上投入 ISO 广告
ISO 14000	1M	3 年	3M	

ISO 资格认证也需分期投资开发，每年一次，每次 1M，可以中断投资，但不允许集中或超前投资。ISO 9000 和 ISO 14000 之间是并列关系，而不是递进关系，即可以同时投资两种认证或者只投资其中任意一种认证。

4.3.2　产品结构

产品研发成功后，企业就可以接单生产。产品结构不同，生产不同的产品所需要的原材料、生产步骤及成本不同。产品结构及成本如表 4-7 和图 4-3 所示。

表 4-7　产品结构及成本

产品	原材料	原材料价值	加工费（每个）（手工/半自动/全自动/柔性）	直接成本
P1	R1	1M	1M	2M
P2	R1+R2	2M	1M	3M
P3	2R2+R3	3M	1M	4M
P4	R2+R3+2R4	4M	1M	5M

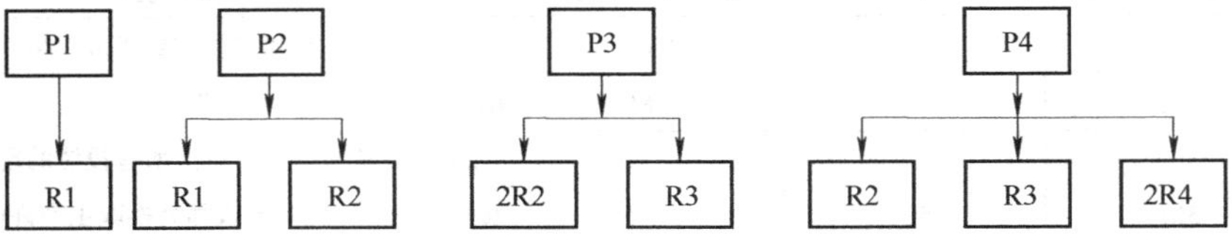

图 4-3　产品结构（BOM）图

每条生产线上只能有一个产品在线，即只有当一个产品生产完工下线之后，下一个产品才能在规定的开工时间上线加工。产品上线生产加工的同时需要支付相应的加工费，虽然不同生产线的生产效率不同，但为了方便计算，所有类型的生产线不管生产何种产品，都只需要支付 1M 加工费。

4.3.3　原材料采购

原材料采购需两个步骤：第一步，签订采购合同，即企业下原料订单，此时不需要支付原材料采购费用；第二步，按照合同验收入库。这两个步骤之间的时间差称为采购提前期，原材料采购提前期如表 4-8 所示。

表 4-8　原材料采购提前期

原材料类型	采购提前期	原材料类型	采购提前期
R1（红色）	1Q	R3（蓝色）	2Q
R2（橙色）	1Q	R4（绿色）	2Q

进行原材料采购时，两个步骤必须按顺序进行，缺一不可，即没有下订单的原材料不能直接采购入库。所有原材料签订采购合同时不需要支付货款，但是在原材料预订到期时，必须全部采购入库并支付费用，支付现金或者根据规则计入应付账款（具体规则见 4.3.7　应付账款）。所有原材料既可以在供应商处购买，也可以在不同的企业之间交易。

4.3.4　生产线购买、转产、维护、折旧及出售

在沙盘模拟实训中，企业的生产线分成四种类型：手工生产线、半自动生产线、全自动生产线和柔性生产线。不同类型生产线的主要区别在于生产效率和灵活性。生产效率是指单位时间内生产产品的数量；灵活性是指生产线从当前生产的产品类型转为生产其他产品时，设备调整的难易程度。因此，每种生产线的购买价格、安装周期、生产周期、转产周期、维修费、残值等均有不同，具体如表 4-9 所示。

表 4-9　各种类型生产线说明

生产线	购买价格	安装周期	生产周期	转产费总额	转产周期	维修费（每年）	残值（每条）
手工线	5M	无	3Q	无	无	1M	1M
半自动线	8M	2Q	2Q	1M	1Q	1M	2M
全自动线	16M	4Q	1Q	4M	2Q	1M	4M
柔性线	24M	4Q	1Q	无	无	1M	6M

（1）生产线购买

生产线属于固定资产，因此，每条生产线都有不同的安装周期，购买生产线时必须按照该生产线的安装周期要求，采取分期付款的方式逐步安装使用。例如，全自动生产线的安装操作程序如表 4-10 所示。

表 4-10　全自动生产线的安装操作程序

时间	投资额	期初	期末	操作程序
1Q	4M	启动第 1 期安装	完成第 1 期安装	"全自动生产线"标识牌正面朝下放置在厂房内对应的生产线处，每期投资的金额放置生产线标识牌上，全部投资完成后，将生产线标识牌正面朝上，其总投资额放置在下方对应的"生产线净值"处
2Q	4M	启动第 2 期安装	完成第 2 期安装	
3Q	4M	启动第 3 期安装	完成第 3 期安装	
4Q	4M	启动第 4 期安装	完成第 4 期安装	
5Q		投产		

投资生产线的支付不一定需要连续，可以在投资过程中中断投资，也可以在中断投资之后的任何季度继续投资，但必须按照表 4-9 中列示的信息进行操作。一条生产线最后一期投资到位后，必须到下一季度才允许投入使用。生产线安装完成后，必须将总投资额放在生产线下方对应的"生产线净值"处，以证明生产线投资安装完成。企业之间不允许相互购买生产线，只允许向设备供应商（指导教师或者裁判）购买。

（2）生产线转产

生产线转产是指生产线从当前生产的产品类型转为生产其他产品。由于不同生产线的技术含量不同，转产的灵活性也不相同。因此，生产线转产时需要对生产线进行调整，花费的时间和资金均不一样，具体如表 4-9 所示。例如，全自动生产线原来生产 P1 产品，如果转产 P2 产品，需要改装生产线，因此需要停工两个季度，并且每季度要支付 2M 转产费，转产改装费总计 4M。这里，停工的两个季度称为转产周期，支付的 4M 称为转产费，具体操作如图 4-4 所示。

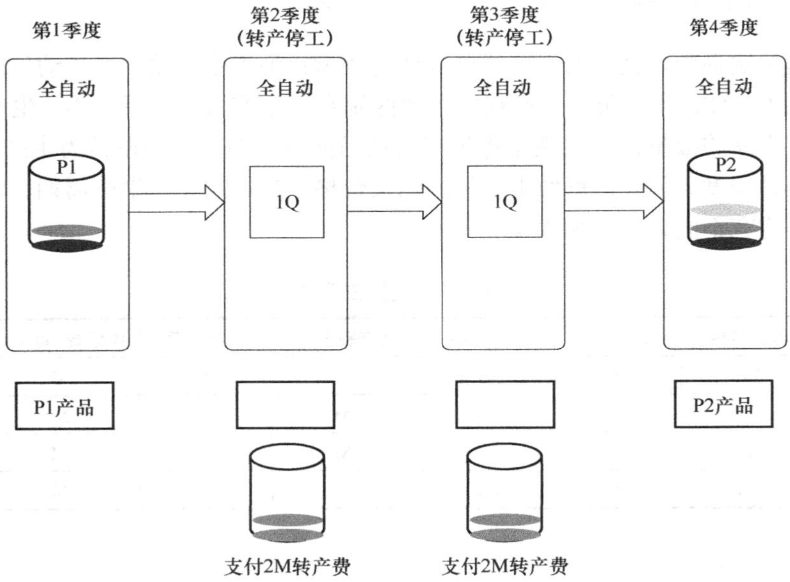

图 4-4　生产线转产操作

（3）生产线维护

生产线在日常使用过程中，其部件会磨损，这会导致设备的稳定性和可靠性下降，从而影响使用效益。因此，生产线的日常维护是其能够正常使用的前提和基础。在实训中，对生产线的维护体现在每条生产线每年必须交纳 1M 的维修费。生产线安装完成后，不论是否开工生产，或者正在进行转产，都必须在规定时间内交纳当年的维修费。企业投资的在建工程和当年建成的生产线，不用支付维修费；但如果是空置的生产线，即便未投入生产使用，也应支付维修费。

（4）生产线折旧

企业在生产经营过程中因使用生产线而使其损耗导致价值减少直到仅余一定残值。残值是指一项资产在使用期满时预计能够收回的残余价值，也就是在报废时处置资产所能收取的价款。一般残值的计算方法为残值=固定资产原值×残值率。资产的原值与残值之差在其使用年限内分摊形成固定资产折旧。简单来说，就是生产线在使用过程中会发生磨损，价值会逐渐减少，这种价值的减少就是生产线折旧。确定固定资产的折旧范围是计提折旧的前提。在实训中，每条生产线都需要单独计提折旧，为便于计算，不考虑残值。本实训中采用的具体折旧方法为余额递减法。余额递减法是一种加速折旧的计算方法，即将每期固定资产的期初账面净值（原值减累计折旧）乘以一个固定不变的百分比来计算该期折旧额。具体操作中，每次按生产线净值的 1/3 向下取整计提折旧，当生产线净值少于 3M 时，每年折旧 1M，直到提完为止。当年新建成的生产线不提折旧，从下一年度开始计提折旧。对已全部提完折旧的生产线，仍可继续使用，不用再计提折旧。

（5）生产线出售

企业对于不需要的生产线，可以随时出售。在出售时，如果该生产线净值<残值，将生产线净值直接转到现金库中；如果该生产线净值>残值，从生产线净值（此处生产线净值本质为固定资产净值。固定资产净值也称为折余价值，是指固定资产原始价值或重置完全价值减去已提折旧后的净额。它可以反映物流企业固定资产实际占用的资金数额和固定资产的新旧程度。折余价值主要用于计算盘盈、盘亏、毁损固定资产的损益等）中取出等同于残值的部分置于现金库，将差额部分置于综合费用的其他项。

4.3.5　厂房购买、出售及租赁

企业运营必须有厂房等固定资产，以便放置生产线等生产设备。企业可以根据自己的经营状况决定是购买还是租赁厂房。当然，企业自己拥有的厂房也可以随时出售。厂房规则信息如表 4-11 所示。

表 4-11　厂房规则信息

厂房类型	购买价格	租金	售价	容量
大厂房	40M	5M/年	40M	6 条生产线
小厂房	30M	3M/年	30M	4 条生产线

在实训中，厂房不计提折旧，因此可以按购买价出售，得到的是 4 个账期的应收账款。但是企业如果要继续使用该厂房，必须当年同时租赁，并且要缴纳当年厂房的租赁费。

4.3.6　企业贷款及贴现

企业为了生产经营活动的需要，可以向银行或其他金融机构按照规定利率、期限和偿还

方式等合同条款进行借款。在实训中，企业可以选择的贷款类型及贴现规则信息如表 4-12 所示。

表 4-12　企业各种贷款及贴现规则信息

贷款类型	贷款时间	最高额度	贷款数量	利率	贷款期限	偿还方式
长期贷款	每年年末	上年所有者权益的 2 倍	20M 的整数倍	10%	以年为单位，最长 5 年	每年年末支付利息，到期还本
短期贷款	每季度初	上年所有者权益的 2 倍	20M 的整数倍	5%	以季度为单位，最长 4 个季度	到期一次性还本付息
民间融资	任何时间	20M	20M	20%	以季度为单位，最长 4 个季度	到期一次性还本付息
应收账款贴现	任何时间	视应收账款到期期限而定	8M 的倍数	1/7	应收账款为 1 账期、2 账期	贴现时支付贴息
		视应收账款到期期限而定	7M 的倍数	1/6	应收账款为 3 账期、4 账期	

（1）企业贷款

企业进行贷款时，其长期贷款额度和短期贷款额度分别为上年所有者权益总额的 2 倍。在实训中为了计算方便，一般规定所有贷款数量在额度允许的范围内必须是 20M 的整数倍。例如，如果所有者权益为 32M，则可以贷款的额度为 60M（32×2=64，取整），放款额度为 60M 减去已有长期贷款的数额。但是，如果所有者权益为 10M～19M，为了让企业能够继续运营下去，也可以按 10M 的 2 倍申请贷款；如果上年所有者权益低于 10M，将不能获得贷款。企业之间不允许私自融资或拆借，在经营期间只允许向银行贷款。在借入各类贷款时，需要财务总监填写“贷款申请表”（见附录 B.3），记录上一年度企业的所有者权益、已贷款额度、需要贷款额度，待指导教师审核后方可执行。

长期贷款每年年末必须偿还利息，到期还本。年末若长期贷款未到期且还有贷款额度时，需要先偿还当年的利息，再申请新的贷款。同样，如果有贷款到期需要归还同时还拥有贷款额度时，必须先归还到期的贷款，才能再申请新贷款。

短期贷款以季度为单位，最长期限为 4 个季度，如果贷款期限不到一年，贷款利息仍按一年计息，到期一次性还本付息。每季度初若短期贷款未到期且还有贷款额度时，可以在额度允许的范围内申请新的贷款。如果短期贷款到期同时还拥有贷款额度时，必须先归还到期的短期贷款的利息和本金，才能再申请新贷款。

长期贷款和短期贷款的可贷款额度各自计算，即长期贷款的贷款额度是上年所有者权益总额的 2 倍，同时，短期贷款的贷款额度也是上年所有者权益总额的 2 倍。但是，要减去盘面上各自已有的贷款额。

实训结束时，不要求归还没有到期的各类贷款。

民间融资的贷款额度为 20M，年利率为 20%，即各企业的盘面上最多只能有 20M 民间融资。民间融资可以在任何时间进行，其他规则按照短期贷款规则处理。凡发生民间融资的企业，均按每次 10 分扣减总分。

（2）应收账款贴现

1 账期、2 账期的应收账款按 1∶7 的比例提取贴现费用，即从 1 账期、2 账期的应收账款中取 8M，其中 7M 贴现为现金，直接进入现金库，1M 为贴现费用，表示每次贴现时，只能以 8M 的倍数进行贴现，当少于 8M 贴现时，仍需交纳 1M 的贴现费用。

3 账期、4 账期的应收账款按 1∶6 的比例提取贴现费用，即从 3 账期、4 账期的应收账款中取 7M，其中 6M 贴现为现金，直接进入现金库，1M 为贴现费用，表示每次贴现时，只能以 7M 的倍数进行贴现，当少于 7M 贴现时，仍需交纳 1M 的贴现费用。

只要有应收账款，企业可以随时进行贴现。

4.3.7　应付账款

企业在采购原材料的过程中，可以在所购买材料的数量达到一定规模时，通过应付账款的方式来支付货款，而不需要立即支付现金。具体规则如表 4-13 所示。

表 4-13　应付账款规则

采购数量（个）	应付账款（账期）	采购数量（个）	应付账款（账期）
1～4	现金（0 账期）	13～16	3
5～8	1	≥17	4
9～12	2		

4.4　运行记录及违规处理

所有参训者均有一本运行手册，每人必须同步顺序记录运行任务，当完成规定的任务后，每人都要在任务清单完成框中打钩。当到交易处（指导教师处）进行贷款、原材料采购、交货、应收账款贴现等业务时，必须携带运行手册和相关的登记表。在运行过程中，必须填制企业管理所需的各种表格。

（1）贷款记录

CFO 填写“贷款申请表”（见附录 B.3），经 CEO 审查无误，带表到银行处（指导教师处）登记，领取或归还贷款。

（2）原材料订单及采购入库记录

订购原材料和采购入库时，由 CPO 填写“采购订单登记表”（见附录 B.4）。每季度采购入库时，携带现金和该表到交易处（指导教师处）购买原材料，由交易员核对订单并进行交易，同时，将下期原材料订单在交易处进行登记。

（3）交货记录

交货时由 CMO 携带产品、订单和运行手册到交易处（指导教师处）交货，并收取现金或应收账款。如果收到的是现金，交由 CFO 核对无误后直接放入现金库；如果是应收账款，则交由 CFO 核对无误后放在企业沙盘盘面上应收账款的相应账期处，并在“应收账款登记表”（见附录 B.5）上做应收账款登记，由 CEO 进行审核。

（4）应收账款收现记录

当应收账款到期后，由 CFO 在“应收账款登记表”（见附录 B.5）的到期季度填写到款数，并注销原应收账款数，同时交由 CEO 对“应收账款登记表”做审核。

（5）产品、市场开发及 ISO 认证记录

每年年末由 CMO 填写“市场开发投资登记表”“产品研发投资登记表”和“ISO 认证投资登记表”（见附录 B.6），对本年度的投资进行记录，并由 CEO 签字。

（6）生产状态记录

企业运行期间，每季度末由 COO 对本季度生产和设备状态进行记录，如实填写“生产状况记录表”（见附录 B.7）。该表每年必须上交。

（7）现金收支记录

在运行手册的任务清单中，每一任务完成记录框的右侧都有一处记录数据的位置，用来记录现金收支数据。

（8）上交报表

每年运行结束后，各企业需要在规定的时间内运行完成并将 5 张报表上交裁判（指导教师）。这 5 张报表分别是“产品销售统计表”“综合费用明细表”“利润表”“资产负债表”和“生产及设备状态记录表”。前 4 张报表直接在运行手册上填写，“生产及设备状态记录表”为单独报表。

（9）违规及扣分

企业运营最终以评分作为优胜判别标准。对于不能按照规则运行的企业和不能按时完成运行的企业，在最终竞赛总分中，给予减分的处罚，但在日常实训教学中可适当调整。

1）运行超时扣分。运行超时是指不能按时提交报表的情况。具体处罚如下：按每超时 1min（含 1min 内）扣 1 分计算，最多不能超过 10min；超过 10min 时，将按每超时 2min 扣 2 分计算，且最多只允许再超时 5min；如果 15min 后还不能提交报表的，可按自动破产处理。

2）违规扣分。企业上交的报表必须是账实相符的报表，如果发现上交的报表有明显错误（如销售统计与利润表不符、资产负债表不平衡），则退回重新更正并扣 10 分。

企业在运行过程中如有颠倒任务执行顺序、不如实填写管理表单的情况，一经核实，按情节严重程度处以每次 5～10 分的扣分，在最后的总分中扣除。

3）民间融资。企业在运行过程中，每发生一次民间融资，扣 10 分。

4.5 评分规则

当企业所有者权益小于 0（资不抵债），或到还款日（4 个季度中规定的短期贷款还款日或每年年末的长期贷款还款日）没有能力归还银行贷款时，企业均视为破产。破产后，企业可以选择继续运行，但不能参加最后的竞赛评比；也可以选择终止运行，退出比赛。

比赛结果对参加比赛各队的最后权益、生产能力、资源、市场地位等进行综合评分，分数高者为优胜。具体评分标准见附录 C.9。

在综合得分项目中，以下情况不能得分：

1）企业购入的生产线没有生产出任何产品，不能获得加分。

2）结束年中没有完成订单的企业，取消当年市场领导者的资格，不能获得当年市场第一的加分。

3）已经研发成功的产品，获得资格证书和 ISO 认证的，可以获得加分；正在开发但没有完成的，不能获得加分。

4）有民间融资、报表错误或其他违规记录的，从总分中进行扣减。

课 后 习 题

1．如何理解企业经营的本质？

2．什么是规则？有什么作用？

补 充 资 料

第 4 章　名词解释

第 5 章

起始年设置

5.1 模拟企业简介

在正式进行 ERP 沙盘模拟实训之前，必须了解企业的基本情况。例如，它是什么行业的企业，生产什么类型的产品，市场环境如何，企业的财务状况如何等。下面对模拟企业进行简单介绍。

5.1.1 企业

该企业是本地一家典型的离散制造型企业，创建 3 年以来一直专注于某行业 P 系列产品的生产和经营。企业拥有自主厂房——大厂房一个，其中安装了 3 条手工生产线和 1 条半自动生产线，设备运行状态良好。目前所有生产线只生产 P1 产品，这几年一直在本地市场进行销售，有了一定的知名度，客户也比较满意。总的来说，目前企业经营状况良好。

企业在上一年度的盈利是 3M，利润增幅较前年放缓。原因是企业的生产设备陈旧、产品单一、市场狭窄；原来的管理层在企业发展战略上存在问题，长期以来思想保守、墨守成规，特别是在市场开拓以及新产品的研发方面故步自封、不思进取。虽然企业目前尚未出现明显的衰败，但是向前发展的后劲明显不足，几近停滞不前。长远看来，这必将导致企业丧失快速发展的动力和基础。

鉴于此，公司董事会及全体股东决定将企业交给一批优秀的年轻人去管理，他们希望新的管理层能够把握机遇、锐意创新、开拓进取，投资研发新产品，提高市场占有率；放眼全球，积极开拓新市场，扩大业务版图；更新生产设备，采用现代化生产手段，努力提高生产效率……董事会及股东希望通过这一系列的改革措施，促使企业进入全面快速发展的新阶段。虽然有一定的困难，过程必然艰辛，但是企业美好的发展前景值得期待。

5.1.2 产品

企业目前只生产和销售技术含量较低的 P1 产品，但是 P 系列产品具有更新换代的潜力，通过研发和技术更新，可以开发生产 P2、P3、P4 等系列高科技产品，这需要大量的资金和时间。具体预测的销售趋势如图 5-1 所示。

P1 是一个本地著名产品。它在不久的将来将面临激烈的竞争：既来自当地的同行，又来自丝毫不亚于当地同行的外国竞争者——这些来势汹汹的外国竞争者能够更经济地进行生产。

P2是一个由P1经过技术改进的升级版产品，是下一步的自然发展方向。P2 产品有望补偿针对 P1 产品需求下降的市场份额。

P3 是一个在技术上远远领先的新产品，被视为未来技术发展及环境保护方面的一次飞跃。但是目前还很难评估客户针对这一新产品的接受态度。

P4 是一个采用未来技术的产品。大家都对 P4 产品充满期待，然而它的市场何时才能形成还是未知的，需要不断地观察市场，分析需求趋势。

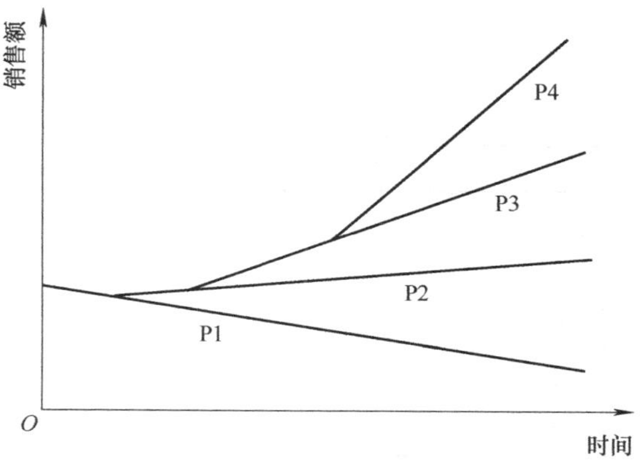

图 5-1 产品销售预测图

5.1.3 市场

本地市场对 P1 的需求量已经下降，但是在不久的将来，仍然存在对 P1 的不少需求。为了弥补市场下降的份额，新的市场或许存在着机遇。

开始阶段或许可以选择企业周边的地域（区域市场和国内市场），短期内那里对低技术含量产品（P1 和 P2）的需求估计很不错。这两个市场的需求量有很大的差别：以产品数量计，国内市场与本地市场相等，而区域市场估计只有本地市场的一半。

亚洲市场的建立需要较长时间，大约为 3 年。因此，针对其需求量的预测很不确定。这个市场被认为相当大，并且偏好高技术含量的产品。在这个市场上也可以销售低技术含量的产品，但是价格竞争会非常激烈。

进入国际市场可以在本期预测的时间段完成。这个市场估计会偏向于低技术含量的产品，同时也存在着随机的可能性，在后期可以销售技术含量更高的产品。

进入一个市场意味着建立一些销售机构，它们可以销售企业所生产的产品。企业生产部分将永远不会移至国外。

市场预测表显示的是市场上的全部需求量，也就是本地所有制造商可以得到的全部市场份额。

5.1.4 财务状况及经营成果

（1）资产负债表

资产负债表是反映企业在某一特定日期财务状况的报表。在这里，由于开设这门实训课程的专业较多，学生的财务基础参差不齐，因此对所涉及的会计账户进行简化与合并。表 5-1 就是简化后的资产负债表。

表 5-1 简化后的资产负债表

资产负债表

（单位：百万元）

资产		金额	负债和所有者权益		金额
流动资产：			负债：		
现金	+	20	短期负债	+	40
应收账款	+	15	应付账款	+	0
在制品	+	8	应交税费	+	0
产成品	+	6	长期负债	+	1
原材料	+	3	一年内到期的长期负债	+	0
流动资产合计	=	52	负债合计	=	41
非流动资产：			所有者权益：		
土地和建筑	+	40	股东资本	+	50
机器和设备	+	13	利润留存	+	11
在建工程	+	0	年度净利	+	3
非流动资产合计	=	53	所有者权益合计	=	64
资产总计	=	105	负债和所有者权益总计	=	105

（2）利润表

利润表是反映企业一定时期经营成果的报表。利润表可以反映企业一定会计期间的收入、费用及利润等。表 5-2 是简化后的利润表。

表 5-2 简化后的利润表

利润表

（单位：百万元）

项目	运算符号	金额	项目	运算符号	金额
销售收入	+	36	支付利息前利润	=	8
直接成本	−	14	财务费用	−	4
毛利	=	22	其他收入/支出	+/−	
综合费用	−	9	税前利润	=	4
折旧前利润	=	13	所得税	−	1
折旧	−	5	净利润	=	3

5.2 企业初始状态设定

为了进一步清晰地显示企业的真实经营状况，也为了给每个企业创造公平的竞争环境，企业的初始状态需要统一设定。从资产负债表上可以看出，模拟企业现在的总资产为 105M，即 1.05 亿元。实训中的货币计量单位为 M，每 1M 用 1 个灰币表示。因此，初始状态每个企业拥有 105 个灰币。

下面按照资产负债表上的各项目的排列顺序，将企业资产分布状况复原到沙盘盘面上，在这一过程中，各个角色必须各司其职，逐步熟悉本岗位的工作内容。

5.2.1　流动资产

流动资产包括现金、应收账款、存货等，其中存货又分为在制品、产成品和原材料。企业现有流动资产 52M。

（1）现金

企业现有现金 20M，应由财务总监将 20M 元放进现金库。

（2）应收账款

企业现有应收账款 15M。

为了获得尽可能多的客户，企业一般采用赊销策略，即允许客户在一定时间内付清货款而不是货到即付款。在实训中，应收账款是分不同期限的，一个时间计量单位 Q 代表一个季度，称为一个账期，一年最多有 4 个账期。盘面中，距离现金库最近的位置为 1 账期，最远的为 4 账期。应由财务总监拿一个空桶，装进 15 个灰币，放在应收账款 3 账期的位置。

（3）在制品

在制品总价值为 8M。

在制品是指正处在生产线上加工的半成品。目前，企业的大厂房有 3 条手工生产线和 1 条半自动生产线，每条生产线上有一个正在生产的 P1 产品。手工生产线有 3 个生产周期，靠近原材料库的为第 1 周期，3 条手工生产线上的 3 个 P1 在制品分别位于第 1、第 2、第 3 周期。半自动生产线有 2 个生产周期，P1 的在制品位于第 1 周期。

每个 P1 产品的直接成本由两部分构成：R1 原材料费 1M 和加工费 1M。由 CPO 申请购买原材料，由 CFO 取出 4 个灰币，交给 CPO，CPO 在供应商（指导教师）处购买 4 个 R1 原材料（红色彩币），再由 COO 配合，将 4 个红色彩币分别放入 4 个空桶中。同时 CFO 再取出 4 个灰币，作为加工费分别放入 4 个原材料桶中。这样就构成了 4 个 P1 的在制品，将其摆放到生产线的相应位置。

（4）产成品

P1 产品的产成品总价值是 6M。

P1 产品库中有 3 个产成品，每个 P1 产品成本由两部分构成：R1 原材料费 1M 和加工费 1M。由 CPO 申请购买原材料，由 CFO 取出 3 个灰币，交给 CPO，CPO 在供应商（指导教师）处购买 3 个 R1 原材料（红色彩币），再由 COO 配合，将 3 个红色彩币分别放入 3 个空桶中，同时 CFO 再取出 3 个灰币，作为加工费分别放入 3 个原材料桶中。这样就构成了 3 个 P1 的产成品，将其摆放到 P1 的产品库的位置。

（5）原材料

R1 原材料总价值是 3M。

R1 原材料库中有 3 个原材料，每个价值 1M。CPO 申请购买原材料，由 CFO 从取出 3 个灰币，交给 CPO，CPO 在供应商（指导教师）处购买 3 个 R1 原材料（红色彩币），将 3 个红色彩币分别放入 3 个空桶中，这样就构成了 3 个 R1 原材料，将其摆放到 R1 原材料库的位置。

此外，企业还向原料供应商（指导教师）发出了采购订货，预订 R1 原材料 2 个，CPO 将 2 个空桶放在 R1 原材料订单处。

5.2.2 固定资产

固定资产包括厂房和生产线等设施设备。

（1）大厂房

企业拥有自主厂房——大厂房，价值 40M，容量为 6 条生产线。应由 CFO 将等值资金用空桶装好放在大厂房设备价值处。

（2）设备价值

企业创办 3 年来，已经购置了 3 条手工生产线和 1 条半自动生产线，扣除折旧，目前每条手工生产线账面净值为 3M，半自动生产线账面净值是 4M。由 CFO 取出 13 个灰币交给 COO，COO 在 4 个空桶里分别放入 3M、3M、3M、4M，并放在相应生产线下方的“生产线净值”处。

5.2.3 负债

负债包括短期负债、长期负债及各项应付款。

（1）贷款

实训中规定，每个空桶代表 20M 的贷款。正向放置的空桶代表长期借款或者短期借款，反向放置的空桶代表民间融资，也可以用小纸条标明信息内容放在空桶内。

企业有长期贷款 40M，其中 20M 是长期贷款的第 4 年，另外 20M 为长期贷款的第 5 年。由 CFO 将 2 个空桶分别放在长期贷款的第 4 年和第 5 年位置。对于长期贷款来说，沙盘上的纵列 FY 代表年度，离现金库近的为第 1 年。

企业目前短期贷款为 0M，即没有短期贷款。对于短期贷款，沙盘上的纵列 Q 代表季度，离现金库近的为第 1 季度。

（2）应交税费

企业上一年度的税前利润为 4M，税率为 25%，按规定应缴纳 1M 所得税。所得税在下一年度初缴纳，此时没有对应操作。

至此，起始年的初始状态设定完毕。

课后习题

1．会计的六要素有哪些？简要说明它们的关系。

2．什么是会计报表？什么是四表一注？

补充资料

第 5 章　名词解释

第 6 章

实战经营

6.1 起始年的作用

新一任管理层刚刚接手企业，需要有一个逐步熟悉适应的过程。在这个阶段中，他们需要与原先的管理者交接工作，在原管理层指导下开始熟悉企业的业务运营流程。因此，起始年就是“扶上马，送一程”。

ERP 沙盘模拟推演不是从创建企业开始，而是接手一个已经运营了 3 年的企业。虽然已经从基本情况描述中获得了企业运营的基本信息，但还是需要把这些枯燥的数字生动地体现到沙盘盘面上，由此为下一步的企业运营做好铺垫。通过初始状态设定，学员能够深刻地认识到财务数据与企业业务的相关性，理解财务数据是对企业运营情况的一种总结提炼和本质体现，为今后“透过现象（财务数据）看本质（企业经营）”做好观念上的准备。

由于起始年的决策权仍在原管理层手中，新管理层只作为参与者，所以在起始年不投资研发新产品，不投资开拓新市场，不购置也不出售厂房，不更新生产线，不进行长短期借款，只在原有生产规模的基础上继续生产。其中，第 3 季度预订 1 个 R1 原材料，第 4 季度预订 1 个 R1 原材料。

6.2 起始年运作提示

1）初始状态中，除了按照资产负债表上的价值分布定位，还有 2 个 R1 原材料订单。

2）应收账款为 3 期，15M。

3）长期贷款为 4 年期 20M 和 5 年期 20M，共计 40 M。

4）起始年运行时：

① 年初各企业支付 1M 广告费。

② 不贷款。

③ 第 3 季度预订 1 个 R1 原材料，第 4 季度预订 1 个 R1 原材料。

④ 不做任何投资（包括产品研发、市场开拓、生产线更新、ISO 认证等）。

6.3 任务清单

起始年的任务清单和以后各年大体相同，只在个别细节上略有差异。每年的工作分为年初 4 项工作、每季度 19 项工作和年末 6 项工作。执行时由 CEO 主持，其他管理层成员各司其职。每完成一项工作，务必在“企业运营表”的相应记录处画“√”，以表示任务完成，同时，如果有现金收支情况，由 CFO 在相应的方格内填写数字；若业务未发生或未执行，则画“×”。具体如表 6-1 所示。

表 6-1　起始年企业运营表

任务清单　每项业务，若执行完毕，由 CEO 在相应的方格内画“√”，同时，如果有现金收支情况，由 CFO 在相应的方格内填写数字；若业务未发生或未执行，则画“×”。

季度	1	2	3	4
新年度规划会议	√			
参加订货会、登记销售订单	−1M			
制订新年度计划	√			
支付应交税费	−1M			
季初现金盘点（请填余额）	18M	14M	11M	24M
更新短期贷款、还本付息、申请短期贷款（民间融资）	×	×	×	×
更新应付账款、归还应付账款	×	×	×	×
原材料入库、更新原材料订单	−2M	0M	0M	−1M
下原材料订单	√	√	√	√
更新生产、完工入库	√	√	√	√
投资新生产线、变卖生产线、转让生产线	×	×	×	×
向其他企业购买或出售原材料	×	×	×	×
开始下一批生产	−1M	−2M	−1M	−2M
更新应收账款、应收账款收现	√	√	15	32
出售厂房	×	×	×	×
向其他企业购买或出售产成品	×	×	×	×
按订单交货	×	×	×	×
产品研发投资	×	×	×	×
支付行政管理费	−1M	−1M	−1M	−1M
其他现金收支情况登记	×	×	×	×
支付长期贷款利息、更新长期贷款、申请长期贷款				−4M
支付设备维修费				−4M
支付租金、购买厂房				×
计提折旧				−4
新市场开拓、ISO 资格认证投资				×
结账				10M
现金收入合计	0M	0M	15M	32M
现金支出合计	−4M	−3M	−2M	−12M
期末现金对账（请填余额）	14M	11M	24M	44M

6.3.1　年初 4 项工作

（1）新年度规划会议

新的一年开始，管理层要在 CEO 的带领下制定企业的发展战略，包括财务、经营、生产、采购等各方面的计划。根据对市场的判断，做出相应的销售预测，进而制订原材料采购、生产线投资等计划。

（2）参加订货会、登记销售订单

各个模拟企业派CMO参加市场的销售订货会议，按照企业的市场地位、广告费投入、市场竞争程度、市场需求等条件分配订单。在起始年，各企业的销售订单内容是一样的，广告费也是一样的，都是1M。

管理层要合理预测生产能力，避免接单不足或盲目接单。接单后，CMO要在“订单登记表”中的相应位置进行登记，将广告费放置在沙盘盘面上的“广告费”位置，同时，由CFO记录广告费的支出。

（3）制订新年度计划

管理层在明确销售任务即订单总量后，需要结合企业条件和对市场的预测，编制生产计划、采购计划、生产线投资计划并做预算。

（4）支付应交税费

纳税是企业和公民应尽的义务。本次实训中，企业所得税率设为25%。CFO按照上一年度利润表的“所得税”一项，取相应的现金放置在沙盘盘面上的“税金”位置，并由CFO记录费用支出。

应纳所得税额=（当年税前利润−以前年度未弥补的亏损）×25%

如果计算出来的结果为非整数，则按向下取整数额缴税，也就是去掉小数点后面的数字；如果计算出来的结果数值小于1，则意味着今年可以不用缴税。向下取整可以理解为税收政策优惠。

如果当年亏损，即利润为负数，则不缴所得税。

例如，某企业第1年税前利润为−2M，第2年税前利润为6M，第3年税前利润为7M。根据规则计算：

第1年，应交税额为0。

第2年，（6−2）×25%=1，应交税额为1M。

第3年，7×25%=1.75，应交税额为1M。

6.3.2 每季度19项工作

（1）季初现金盘点

CFO每季度初进行现金盘点并记录，要求达到账实相符。

（2）更新短期贷款、还本付息、申请短期贷款

如果企业有短期贷款，CFO将空桶向现金库方向移动一格，当某季度到达现金库时，表示短期贷款到期。短期贷款到期时需归还本金并支付利息。短期贷款以季度为单位，最长期限为4个季度，贷款期限不到一年时，贷款利息仍按一年计息，到期一次性还本付息。每季度初若短期贷款未到期且还有贷款额度时，可以在额度允许的范围内申请新的贷款，只有在这一时间才可以进行操作。如果短期贷款到期同时还拥有贷款额度，必须先归还到期短期贷款的利息和本金，才能再申请新贷款。

短期贷款申请的上限为上一年所有者权益总额×2−已有短期贷款额。

（3）更新应付账款、归还应付账款

CFO 将应付账款向现金库方向推进一格，当到达现金库时，表示应付账款到期，需要支付应付账款并记录。

（4）原材料入库、更新原材料订单

企业预订的原材料到达，验收入库，并支付货款，按照采购数量规模，可以支付现金或启用应付账款。在后期经营中，可以多种原材料合并采购，统一计算。

CPO 将原材料订单区的空桶向原材料库方向推进一格，到达时支付货款。

（5）下原材料订单

CPO 根据采购计划，决定采购原材料的种类和数量，并将空桶放置在原材料订单处。

（6）更新生产、完工入库

COO 将生产线上的在制品向前推进一格，完工后放置在对应的产品库中。

（7）投资新生产线、变卖生产线、转让生产线

投资新生产线时，COO 领取新生产线标识，翻转放置在厂房位置，并放置与生产线安装周期相同的空桶数，每季度向 CFO 申请建设资金（建设资金=设备总购买价格/安装周期），CFO 记录费用支出。全部投资完成后，下个季度才可投入使用。

当生产线上没有在制品时，可以变卖生产线，也可以转产其他产品。具体操作规则参阅本书 4.3.4“生产线购买、转产、维护、折旧及出售”规则。

（8）向其他企业购买或出售原材料

CPO 在原材料不足或富余的情况下，可以向其他企业购买或出售原材料。

（9）开始下一批生产

如果有空置的生产线，准备继续投产，则 COO 从原材料库里取出原材料，向 CFO 申请加工费，将上线产品摆放在离原材料库最近的生产周期位置。CFO 做费用支出记录。

（10）更新应收账款、应收账款收现

CFO 将应收账款向现金库方向推进一格，到达时表示应收账款已收到。

（11）出售厂房

企业资金不足时可以出售厂房。厂房按原价出售，得到的是 4 个账期的应收账款。

（12）向其他企业购买或出售产成品

当企业产能不足、不能按期完成订单时，CMO 可以向其他企业购买产成品。当企业有意愿出售产成品时，可以按照买卖双方协商价格交易。

（13）按订单交货

CMO 交货后在“订单登记表”中记录，客户（指导教师）支付货款。若为应收账款，则放置于相应账期应收账款处；若为现金，则直接入现金库，CFO 做费用收入记录。

（14）产品研发投资

COO 和 CMO 按产品研发计划向 CFO 申请研发资金，放置于产品生产资格位置。

（15）支付行政管理费

行政管理费是用于企业日常经营等事项的费用。在实训中，企业每季度行政管理费为 1M，由 CFO 取出 1M 放置在沙盘盘面上的“管理费”处，并做费用支出记录。

（16）其他现金收支情况登记

其他现金收支情况主要是登记如应收账款贴现、民间融资支付的利息费用等，此项不需要按顺序，可以随时进行。

（17）现金收入合计

CFO 统计该季度现金收入总额。

（18）现金支出合计

CFO 统计该季度现金支出总额。

（19）期末现金对账

CFO 对现金进行盘存并登记。

如有 ACFO 岗位，（17）～（19）项可由 ACFO 操作完成。

6.3.3　年末 6 项工作

（1）支付长期贷款利息、更新长期贷款、申请长期贷款

长期贷款只能在年末申请，如果企业现在已有长期贷款，CFO 将空桶向现金库方向移动一格，当移动到现金库时，表示长期贷款到期。长期贷款每年付息，到期还本。CFO 从现金库取出相应长期贷款利息放置在沙盘盘面上的“利息”处。长期贷款到期后，CFO 从现金库取出现金归还本金及当年利息，并做费用支出记录。

长期贷款申请的上限为上一年所有者权益×2−已有长期贷款。

（2）支付设备维修费

在实训中，企业要为正在使用的每条生产线支付每年 1M 的维修费，放置在沙盘盘面上的“维修费”处。由 CFO 从现金库里取 1M 交给 COO 并放置在沙盘盘面上的“维修费”处，CFO 做费用支出记录。

（3）支付租金、购买厂房

大厂房为自有厂房，如果当年在正常经营中需要使用小厂房，可以随时使用，安装生产线进行生产，年末再决定对小厂房是购买还是租赁。如果选择购买，CFO 取等值现金放置在“厂房价值”处；如果选择租赁，CFO 则取对应现金放置在沙盘盘面上的“租金”处，并做费用支出记录。

（4）计提折旧

厂房不计提折旧，生产线按余额递减法折旧，在建工程及当年新建成的生产线不计提折旧费（折旧费=设备价值/3，向下取整）。当设备价值下降至 3M 时，每年折旧 1M。

（5）新市场开拓、ISO 资格认证投资

ISO 是国际标准化组织的简称，其主要功能是为人们制定国际标准达成一致意见提供一种机制。本书中主要涉及 ISO 9000 质量管理体系（QMS）和 ISO 14000 环境管理体系（EMS）。

开拓新市场时，由 CFO 按照分期投资规则取相应现金交给 CMO 放置在拟开拓的市场区域，开发完成后获得该市场准入证。

（6）结账

企业运营到年终要进行年终盘点，CFO 负责编制综合费用明细表、利润表和资产负债表。

6.4 填写起始年企业运营表

起始年企业运营表及其他相关表格如表 6-1～表 6-6 所示。

表 6-2 订单登记表

订单号											合计
市场类型	本地										
产品	P1										
数量	6										
账期	2Q										
销售额	32M										
成本	12M										
毛利	20M										
未售											

表 6-3 产品核算统计表

产品	P1	P2	P3	P4	合计
数量	6				
销售额	32M				
成本	12M				
毛利	20M				

表 6-4 综合费用明细表

项目	金额	备注
行政管理费	4M	
广告费	1M	
设备维修费	4M	
租 金	0	
转产费	0	
市场准入开拓	0	□区域 □国内 □亚洲 □国际
ISO 资格认证	0	□ISO 9000 □1SO 14000
产品研发	0	P2（ ） P3（ ） P4（ ）
其 他	0	
合 计	9	

表 6-5 利润表

项目	上年	本年
销售收入	35M	32M
直接成本	12M	12M
毛利	23M	20M

（续）

项目	上年	本年
综合费用	11M	9M
折旧前利润	12M	11M
折旧	4M	4M
支付利息前利润	8M	7M
财务费用	4M	4M
其他收入/支出	0	0
税前利润	4M	3M
所得税	1M	1M
净利润	3M	2M

表 6-6　资产负债表

资产	期初	期末	负债和所有者权益	期初	期末
流动资产：			负债：		
现金	20M	44M	短期负债		
应收账款	15M	0	应付账款		
在制品	8M	8M	应交税费	1M	1M
产成品	6M	6M	长期负债	40M	40M
原材料	3M	0	1 年内到期的长期负债		
流动资产合计	52M	58M	负债合计	41M	41M
非流动资产：			所有者权益：		
厂房	40M	40M	股东资本	50M	50M
机器和设备	13M	9M	利润留存	11M	14M
在建工程			年度净利	3M	2M
非流动资产合计	53M	49M	所有者权益合计	64M	66M
资产总计	105M	107M	负债和所有者权益总计	105M	107M

6.5　新管理层上任

起始年企业经营完成后，模拟企业就完全交给了新管理层。从现在开始，ERP 沙盘模拟推演就全面交由新管理层——学生团队自主经营、自负盈亏。

6.5.1　市场预测

在 ERP 沙盘模拟推演中，市场预测结果是各模拟企业能够得到的关于产品市场需求预测的唯一可以参考的有价值的信息。对市场预测的分析程度与企业的营销方案策划和实施息息相关。在实训中，该市场预测是模拟一家权威市场调研机构对未来 6 年里各个市场上各种产品需求所做的预测，这是一个有着比较高可信度的市场预测。预测信息包括各种产品的总需求量、价格情况、客户关于技术及产品的质量要求等。企业可以根据这些预测信息进行经营运作。市场预测信息如图 6-1 和图 6-2 所示。

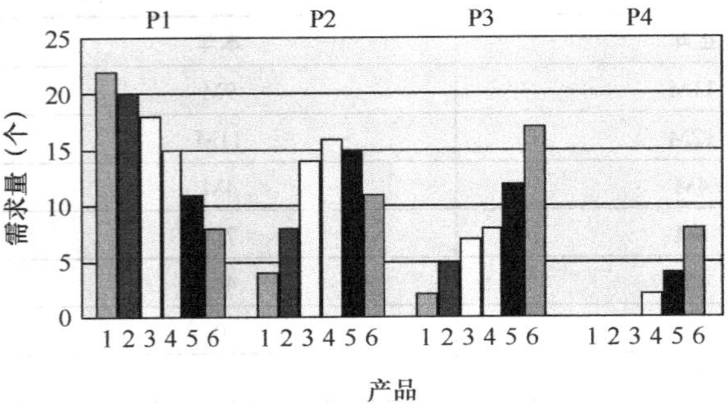

图 6-1　本地市场 P 系列产品需求量预测

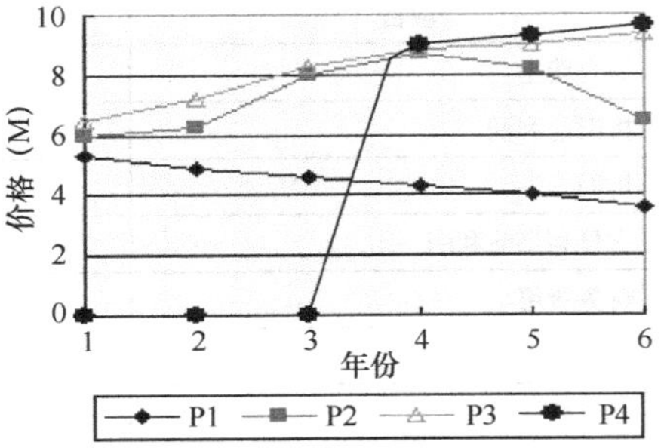

图 6-2　本地市场 P 系列产品价格预测

图 6-1 是本地市场 P 系列产品需求量预测。纵轴表示产品需求量，图中各种产品柱形的高度代表该产品在某年的市场需求预测总量。横轴由 P1、P2、P3、P4 四个部分组成，P 系列产品的柱形图最左边为第 1 年，依次往右，最右边为第 6 年。其中，P4 产品最右边为第 6 年，依次往左，最左边为第 4 年的需求预测，前 3 年没有市场需求。

图 6-2 是本地市场 P 系列产品价格预测。纵轴表示产品价格，横轴表示年份，不同的折线代表不同的产品，通过折线的走势可以看出各种产品的价格变化趋势。

在市场预测中，除了直观的图形分析外，还有文字描述与分析，其中尤其需要注意客户对产品质量及技术的要求等。

6.5.2　计划

计划是各项工作执行的依据，有了计划，工作就有了明确的目标和具体的步骤，就可以协调员工的行动，增强工作的主动性，减少盲目性，使工作有条不紊地推进。因此，每年年初，CEO 都要带领企业管理层成员，在企业战略的指导下，制订销售计划、生产计划、采购计划、资金计划、固定资产投资与设备改造计划等。

（1）销售计划

销售计划的制订必须有所依据，也就是要根据实际情况制订相关的销售计划。凭空想象、闭门造车、不切实际的销售计划，不仅对销售无益，还会对销售活动和生产活动带来负面影响。因此，制订销售计划必须有理有据、有的放矢，应遵照以下基本原则：

1）结合本企业的实际情况，掌握本企业的生产能力、采购能力等。

2）结合市场的需求情况，对产品需求开展调查工作，进行科学预测，掌握市场需求的发展变化趋势。

3）结合市场的竞争情况，了解竞争对手的销售能力、产品研发状况、市场开拓状况及生产能力等。

4）结合上一年度销售计划的执行情况，分析上一周期的销售情况，如产品销售数量、广告费用、利润收入等，并盘库查明现有产品的库存数量。

同时，以市场销售部门为主，组织企业的其他有关部门，试算计划期内的销售计划指标。例如，与原材料采购部门讨论，以求获得足够的物料保障；与生产部门讨论，确定交货期；

与财务部门讨论，以保证获得必要的经费等。

（2）生产计划

1）ERP 中的“P”。ERP 中的“P”的含义是计划（Planning）。计划是指为了达到一定的目标而制定的行动方案。在 ERP 运营中，包含了 5 个层次的计划，即经营计划、销售与运作计划、主生产计划、物料需求计划、车间作业及采购计划。这些计划由粗到细，由宏观到微观，由长期、中期到短期。具体为：长期宏观计划为经营计划、销售与运作计划，中期过渡计划为主生产计划，短期微观计划为物料需求计划和车间作业及采购计划。

2）MRP 和制造业基本方程。在 ERP 计划中，主生产计划（Master Production Schedule，MPS）是确定每一具体的最终产品在每一具体时间段内生产数量的计划；有时也可能先考虑组件，最后再下达最终装配计划。MPS 是企业从宏观向微观过渡的计划，是联系前方需求计划和后方供给计划的重要环节。其实质是保证销售规划和生产规划对规定的需求（需要什么、需要多少和什么时候需要）与所使用的资源保持一致。物料需求计划（Material Requirements Planning，MRP）是指根据产品结构各层次物品的从属和数量关系，以每个物品为计划对象，以完工时期为时间基准倒排计划，按提前期长短区别各个物品下达计划时间的先后顺序，是一种工业制造企业内物料计划管理模式。MRP 是主生产计划的具体化，它是一种模拟技术，根据主生产计划（根据客户订单结合市场预测制订出来的各种产品的生产计划）、物料清单（产品结构在计算机中的表示）和库存信息，对每种物料进行计算，计算出何时将会发生物料短缺，并给出建议，以最小库存量满足需求并避免物料短缺。从数据处理逻辑上讲，主生产计划与其他计划层次之间的关系如图 6-3 所示。

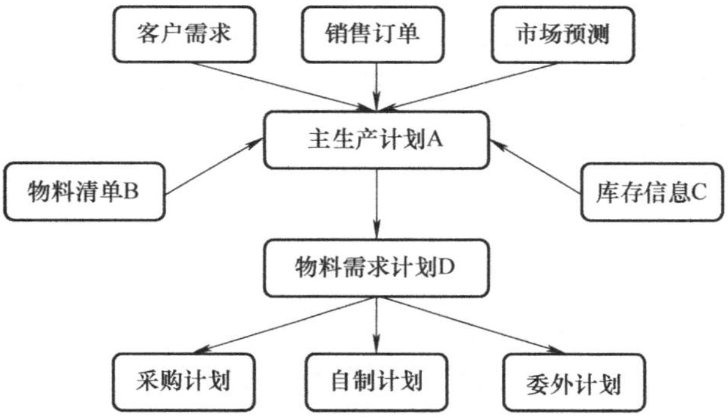

图 6-3　主生产计划与其他计划层次之间的关系

由上述概念的阐述及图 6-3，可以分析出企业经营中 4 个非常重要的问题：

第一：企业要生产什么？生产多少？何时生产？

第二：用什么来生产？

第三：我们已经有什么了？

第四：我们还缺什么？何时需要？

关于这 4 个问题的答案，同样可以通过上述概念的阐述及图 6-3 得出：

第一：主生产计划回答“企业要生产什么？生产多少？何时生产？”。

第二：物料清单回答“用什么来生产？”。

第三：库存信息回答“我们已经有什么了？”。

第四：物料需求计划回答“我们还缺什么？何时需要？”。

上述 4 个问题是任何制造业企业，不论其产品类型、生产规模、工艺过程如何，都必须回答的基本问题。这些问题用方程可以表示为

主生产计划×物料清单−库存信息=物料需求计划

其中，主生产计划、物料清单和库存信息称为物料需求计划的 3 项基本要素。这个公式即为制造业基本方程。

物料需求计划是模拟和解决制造业基本方程的关键。

（3）采购计划

采购计划要解决 3 个问题：采购什么？采购多少？何时采购？

1）采购什么？从图 6-3 中可以看出，采购计划的制订与物料需求计划直接相关，并可以追溯到主生产计划。根据制造业基本方程，就可以解决需要采购哪些物料的问题。

2）采购多少？在明确了“采购什么”之后，接下来就是要解决“采购多少”的问题。这与物料的库存信息和采购批量直接相关。

3）何时采购？要达到“既不出现物料短缺，又不出现库存积压”的管理状态，就要考虑采购提前期及采购政策等相关因素。

（4）资金计划

企业在经营过程中，各项成本费用的支付需要资金，各项投资需要资金，偿还债务也需要资金。如果没有一个准确、详细的资金计划，企业很快就会陷入困境，甚至出现资金断流从而导致破产的风险。因此，于每年年初做现金预算是一件非常重要的事情。

（5）固定资产投资与设备改造计划

固定资产投资与设备改造是提高企业产能、保障企业持续发展的重要策略之一。企业进行固定资产投资与设备改造时需要考虑以下因素：

1）企业目前的产能。

2）设备投资分析。

3）新产品的研发过程。

4）市场上对各种产品的需求量预测。

5）新设备用于生产何种产品？投资所需资金的来源？设备安装在何处？

6）设备上线的具体时间及所需物料的储备状况。

以上每一个问题的决策都会影响到企业发展的稳定性，尤其是激进开拓型企业，一定要做好规划。

6.5.3 经营流程

制订企业发展计划之后，企业管理层在 CEO 的领导下，开始进行日常运营模拟推演活动，活动按照任务清单所列的顺序逐步进行。同时，企业应该对各年每个季度的要点进行记录，以便于核查、分析。

（1）任务清单

任务清单中包括了各模拟企业进行日常运营时必须执行的工作任务和必须遵守的工作

流程，如表 6-1 所示。CEO 主持经营，按照任务清单所列工作内容及先后顺序开展工作，每完成一项任务，由 CEO 在相应的方格里画“√”，以表示确认完成（一般也可以对没有操作的步骤画“×”，表示此处没有任何变动）。如果该步骤涉及现金收支业务，CFO 需要在相应的方格内填写现金收支情况，以表示现金流量变动。

（2）订单登记表

订单登记表如表 6-2 所示，用来记录本年度取得的订单。一般在年初时由 CMO 参加销售订货会，通过投入广告费而争取到订单，随后进行订单登记，填写订单登记表中的订单号、市场类型、产品、数量、账期、销售额等项目。按订单交货时，填写成本项目，计算毛利项目。在年末时，如果有未交的违约订单，即标示为“未售”产品，在“未售”项目中填写。

（3）产品核算统计表

产品核算统计表如表 6-3 所示，是将所有市场综合起来，按照产品品种对销售情况进行的统计，对本年度各品种产品的销售数量、销售额、成本、毛利进行汇总。

本年销售的数据=订单登记表中的合计数−本年未售+上年未售

（4）综合费用明细表

综合费用明细表如表 6-4 所示，用来记录企业日常运营过程中所发生的各项费用。对于市场准入开拓、ISO 资格认证，需要在相应的备注栏内确认相关的内容，画“√”以表示确认；对于产品研发，需要在备注栏内相应的产品处填写实际研发投入的金额。

（5）利润表

在年末时，企业要核算当年的经营成果，编制利润表。利润表中各项目的计算方法如表 6-7 所示。

表 6-7　利润表项目计算方法

项目	行次	数据计算公式
销售收入	1	产品核算统计表中“销售额”的合计数
直接成本	2	产品核算统计表中“成本”的合计数
毛利	3	第 1 行数据−第 2 行数据
综合费用	4	综合费用明细表中的合计数
折旧前利润	5	第 3 行数据−第 4 行数据
折旧	6	企业经营过程记录表中第 4 季度末“计提折旧”数据
支付利息前利润	7	第 5 行数据+第 6 行数据
财务费用	8	长期借款、短期借款、民间融资、贴现等支付的利息−利息收入
其他收入/支出	9	购销原材料的支出−购销原材料的收入
税前利润	10	第 7 行数据−第 8 行数据−第 9 行的数据
所得税	11	第 10 行数据×0.25
净利润	12	第 10 行数据−第 11 行数据

（6）资产负债表

在年末时，企业还要编制资产负债表，以反映企业的财务状况。资产负债表中各项目的计算方法如表 6-8 所示。

表 6-8 资产负债表项目计算方法

资产	数据计算依据	负债和所有者权益	数据计算依据
流动资产：		负债：	
现金	盘点现金库中的现金	短期负债	盘点短期借款
应收账款	盘点应收账款	应付账款	盘点应付账款
在制品	盘点生产线上的在制品	应交税费	根据利润表中的所得税一项填列
产成品	盘点产品库中的产成品	长期负债	长期借款−1 年内到期的长期借款
原材料	盘点原材料库中的原材料	一年内到期的长期负债	盘点 1 年内到期的长期借款
流动资产合计	以上 5 项合计数	负债合计	以上 5 项合计数
非流动资产：		所有者权益：	
土地和建筑	厂房价值之和	股东资本	股东不增资的情况下仍为 50M
机器和设备	所有生产线净值	利润留存	上一年利润留存+上一年利润
在建工程	正在安装的生产线价值	年度净利	利润表中的本年度净利润
非流动资产合计	以上 3 项合计数	所有者权益合计	以上 3 项合计数
资产总计	流动资产合计+非流动资产	负债和所有者权益总计	负债合计+所有者权益

课 后 习 题

1. 什么是生产能力？影响企业生产能力的因素有哪些？
2. 根据企业经营过程中的负债情况，分析企业是否应该负债经营？

补 充 资 料

第 6 章 名词解释

第 7 章

企业运营评价与分析

企业评价是在目标的指导下，运用特定的指标和标准，采用科学的方法，按照一定的程序，对企业一定时期内的生产经营活动及结果做出客观、公正、全面的评判。企业评价作为企业的一项经营管理活动，对企业的生存和发展起着举足轻重的作用。首先，科学的企业评价可以使企业内、外的信息使用者了解企业的长处和不足，为改善企业的经营管理指明方向；其次，企业评价的指标体系有利于管理者明确努力的方向，从而使企业评价带有较强的导向性；最后，企业评价可以为所有者对经营者的业绩考核、激励和任免提供充分的依据，有利于对管理者的优胜劣汰，推动企业家队伍建设。

本章主要从市场、财务和综合绩效评估三个方面对企业进行评价，所有涉及数据均为以前学生团队的 ERP 沙盘推演经营数据。

7.1 市场分析

7.1.1 广告投入产出分析

广告投入产出分析是评价广告投入收益率的指标。其计算公式为

$$广告投入产出比=\frac{订单销售额}{广告费用}$$

广告投入产出分析用来比较各企业在广告投入上的差异。这个指标告诉经营者本企业与竞争对手之间在广告投入策略上的差距，用以提醒 CMO 深入分析市场和竞争对手，寻求节约成本、策略取胜的突破口。

例如，第 1 年本地市场 6 个企业的广告投入和所争取到的订单销售额如表 7-1 所示。

表 7-1　第 1 年本地市场竞单数据分析

企业名称	广告费用	订单销售额	广告投入产出比 $\left(\frac{订单销售额}{广告费用}\right)$
A	6M	10M	$\frac{10M}{6M}=1.7$
B	5M	8M	$\frac{8M}{5M}=1.6$
C	8M	20M	$\frac{20M}{8M}=2.5$

（续）

企业名称	广告费用	订单销售额	广告投入产出比 $\left(\frac{订单销售额}{广告费用}\right)$
D	7M	14M	$\frac{14M}{7M}=2.0$
E	9M	29M	$\frac{29M}{9M}=3.2$
F	12M	32M	$\frac{32M}{12M}=2.7$

从表 7-1 中可以看出 6 个企业在第 1 年本地市场的广告费用和订单销售额。其中 F 企业广告费用 12M，排名第一，故优先选单。F 企业选择了订单销售额最高的订单 32M，但是通过计算，其广告投入产出比（见表中第 4 列数据）为 2.7，显然，F 企业的广告投入产出比并不是最高的。图 7-1 横向对比了第 1 年 A～F 6 家企业的广告投入产出比。从图中可以看出，E 企业每 1M 的广告投入为其带来 3.2M 的销售收入，即 E 企业的广告投入产出比为 3.2，高于其他 5 家企业。因此，E 企业在广告投入产出方面优于其他 5 家企业。

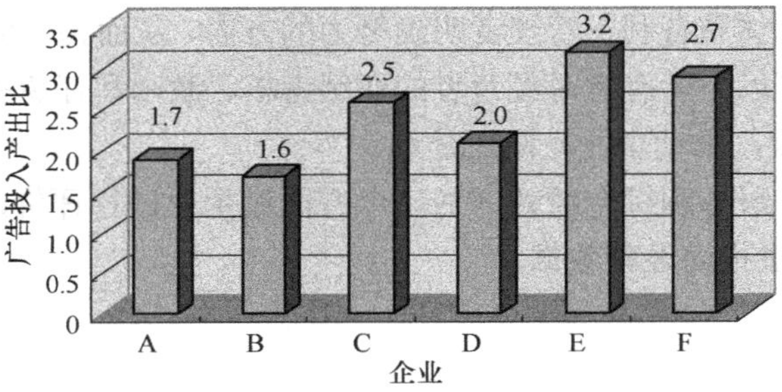

图 7-1　第 1 年各企业广告投入产出比

同理，图 7-2 中的数据展示了各企业 6 年的累计广告投入产出比。从图中可以看出，经过 6 年的经营，A 企业在分析市场、制订营销计划方面有了长足的进步，其广告投入产出比已经遥遥领先于其他企业。

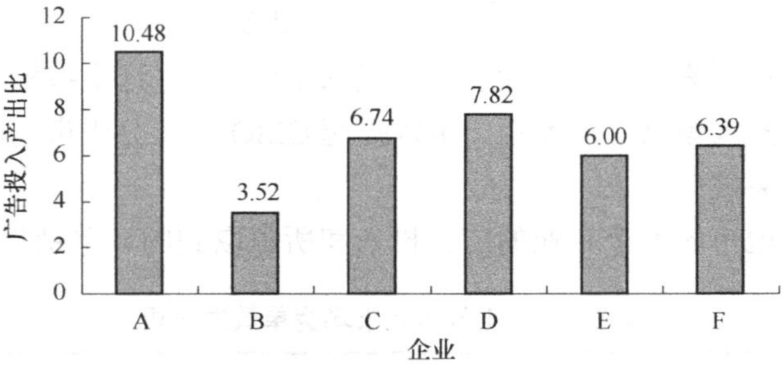

图 7-2　各企业 6 年累计广告投入产出比

7.1.2　市场占有率分析

通常，企业的销售业绩并未反映出其相对于竞争企业的经营状况。如果企业销售额增加了，可能是由于企业所处的整个经济环境变好了，也可能是因为其市场营销工作相较竞争者有所改善。市场占有率正是剔除了一般环境对企业的影响来考察企业本身经营绩效的指标。

市场占有率也称市场份额，是指在一定的时期内，某企业某一产品（或品类）的销售量（或销售额）在市场上同类产品（或品类）销售量（或销售额）中所占的比重。它反映了企业在市场上的地位。通常，市场占有率越高，企业竞争力越强。显而易见，如果企业的市场占有率上升，表明它相较竞争者的绩效更好；如果市场占有率下降，则说明企业相较竞争者的绩效较差。通过对市场占有率的构成因素进行分析，找到市场占有率上升或下降的具体原因，可以为企业改进其营销系统提供明确建议。

所谓市场占有率分析，就是根据各方面的资料，计算出本企业某种产品（或品类）的市场销售量（或销售额）占该市场上同种产品（或品类）总销售量（或销售额）的比重，以了解市场需求及本企业所处的市场地位。因此，市场占有率分析是企业战略环境分析中的一个非常重要的部分。

市场占有率一般可分为上限、中线和下限，不同市场占有率的战略意义如下：如果企业的市场占有率达到上限 74%，表示不论其他企业的势力如何，该企业都处于绝对的安全范围之内。达到该目标的企业一般不会争夺这个范围以外的市场，因为剩下的市场中的顾客大都是其他企业的忠实顾客，通常难以争取。如果企业的市场占有率达到 42%，即市场占有率的中线，那么企业就可以从竞争中脱颖而出并处于优势地位。同时，该值表示企业处于相对安全的状态而且是业界的领先者。如果企业的市场占有率达到 26%，则说明企业有从势均力敌的竞争中脱颖而出的可能性。如果企业的市场占有率处于 26%以下，则表示企业很容易受到攻击。当企业与另一家企业在局部区域内进行一对一的竞争时，只要企业的市场占有率是对手的 3 倍，那么对手就很难对其形成威胁；如果竞争发生在一个较大的区域内，有超过 3 家的企业共同竞争，那么只要有一家企业的市场占有率是其余企业的 1.7 倍，那么这家企业就处于绝对安全的范围内。

市场占有率分析的指标有以下几种。

（1）全部市场占有率

全部市场占有率是以企业的销售量或销售额占全行业销售量或销售额的百分比来表示的。使用这种测量方法必须做两项决策：一是要以单位销售量或以销售额来表示市场占有率；二是正确认定行业的范围，即明确本行业所应包括的产品、市场等。

（2）可达市场占有率

可达市场占有率是以其销售额占企业所服务市场的百分比来表示的。可达市场有以下两层含义：①企业产品最适合的市场；②企业市场营销努力所及的市场。

企业可能有近 100%的可达市场占有率，却只有相对较低的全部市场占有率。

（3）相对市场占有率（相对于 3 个最大竞争者）

相对市场占有率（相对于 3 个最大竞争者）是以企业销售额对 3 个最大竞争者的销售额总和的百分比来表示的。如某企业有 30%的市场占有率，其 3 个最大竞争者的市场占有率分别为 20%、10%、10%，则该企业的相对市场占有率是 30%÷40%=75%。一般情况下，企业的相对市场占有率高于 33%即被认为是强势的。

（4）相对市场占有率（相对于市场领导竞争者）

相对市场占有率（相对于市场领导竞争者）以企业销售额相对于市场领导竞争者的销售

额的百分比来表示。相对市场占有率超过 100%，表明该企业是市场领导者；相对市场占有率等于 100%，表明企业与市场领导竞争者同为市场领导者。相对市场占有率增加，则表明企业正接近市场领导竞争者。

7.1.3 综合市场占有率分析

综合市场占有率分析是指某企业在某个市场中全部产品的销售数量（收入）与全部企业在该市场上全部产品的销售数量（收入）之比。其计算公式为

$$\text{某市场中某企业的综合市场占有率}=\frac{\text{该企业在该市场中全部产品的销售数量（收入）}}{\text{全部企业在该市场中全部产品的销售数量（收入）}}\times 100\%$$

例如，图 7-3 中数据分析展示的是某模拟市场中第 3 年 6 家企业的综合市场占有率，显而易见，在该市场中 A 企业因为拥有最大的市场份额而成为市场领导者。

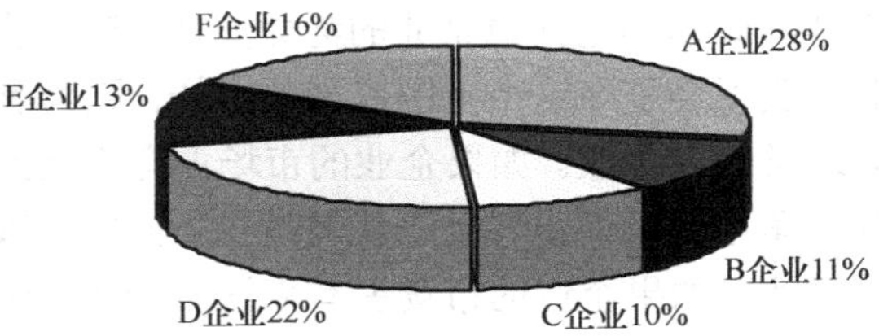

图 7-3　第 3 年的综合市场占有率

7.1.4 产品市场占有率分析

了解企业在各个市场的占有率仅仅是第一步，如果能够进一步明确企业生产的各类产品在各个市场的占有率，对企业分析市场、确立竞争优势也是非常必要的。其计算公式为

$$\text{某企业某类产品的市场占有率}=\frac{\text{该企业在市场中该类产品的销售数量（收入）}}{\text{全部企业在市场中该类产品的总销售数量（收入）}}\times 100\%$$

例如，图 7-4 中的数据显示了某模拟市场中所有企业在第 3 年 P2 产品的市场占有率。

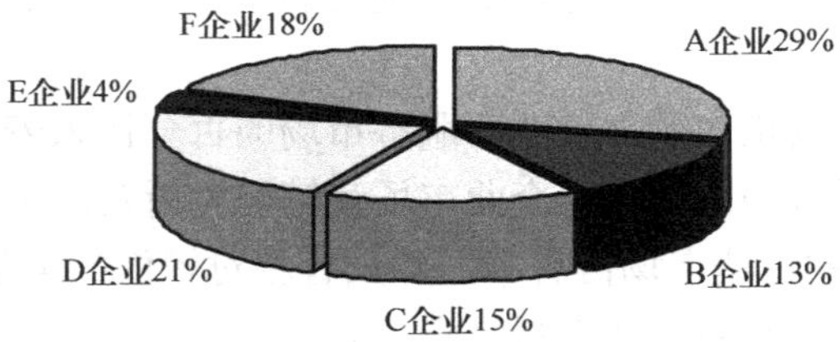

图 7-4　第 3 年 P2 产品的市场占有率

7.2 财务分析的基本方法

财务分析的基本方法有比率分析法和比较分析法。

7.2.1 比率分析法

比率分析法是以同一期财务报表上若干重要项目的相关数据相互比较，计算出具有特定经济意义的财务比率，用以分析企业的财务状况和经营成果，评价企业的经营活动以及企业当期和往期财务状况的一种方法。该方法便于分析和了解企业发展的前景，是财务分析最基本的方法之一。比率分析法计算简便，其结果也比较容易判断，而且可以将某些指标在不同规模的企业之间进行比较，应用非常广泛，涉及企业的各个方面。

1．财务比率的类别

财务比率主要包括构成比率、效率比率和相关比率三大类。

1）构成比率。构成比率又称结构比率，是某项经济指标的各组成部分数值占总体数值的百分比，反映部分与总体的关系。其计算公式为

$$构成比率=\frac{某个组成部分的数值}{总体数值}\times 100\%$$

例如，流动资产比率、流动负债比率等都是构成比率。

流动资产比率就是流动资产占总资产净额的比例，总资产净额即净资产。流动资产比率是用来衡量企业短期偿债能力的指标。比率越高，偿债能力越强，当然过高也不是好事，可能存在存货积压现象，严重影响变现。

流动负债比率就是流动负债占总负债总额的比例。这一指标反映一个企业依赖短期债权人的程度。该比率越高，说明企业对短期资金的依赖性越强。

2）效率比率。效率比率是某项财务活动中所耗费与所得的比率，反映企业投入与产出之间的关系。利用效率比率指标，可以进行得失比较，考察经营成果，评价经济效益。例如，资产报酬率、成本利润率等，可以从不同角度评价企业的盈利能力。

3）相关比率。相关比率是反映经济活动中两个或者两个以上相关项目之间的财务比率，如流动比率、速动比率等。利用相关比率可以考察各项经济活动之间的相互关系，从而揭示企业的财务状况。

2．应注意的问题

1）对比项目的相关性。计算比率的子项和母项之间必须有一定的逻辑联系，从而保证所计算的财务比率能够说明一定的问题，具有一定的财务意义。在构成比率的指标中，部分指标必须是总体指标中的一个部分；在效率比率指标中，投入与产出之间必须有一定的因果关系；在相关比率中，对比的两个指标要有内在的联系。

2）对比口径的一致性。计算比率的子项和母项必须在计算时间、计算范围等方面保持口径一致。通常计算比率的子项和母项必须是来自同一个企业的财务报表，但是不一定来自同一张报表。同时需要注意，由于资产负债表是时点数，而利润表和现金流量表是时期数，因此，当财务比率反映的是资产负债表项目与利润表、现金流量表项目之间的关系时，资产负债表项目一般需要计算成一定时期的平均值。

7.2.2 比较分析法

比较分析法也是财务分析的基本方法之一，是将同一企业不同时期的财务状况或者不同

企业同一时期的财务状况进行对比，通过对两个或者两个以上的相关数据进行对比，从而揭示企业财务状况中所存在的差异的一种分析方法。

1．比较分析法的类型

比较分析法可以分为纵向比较分析法和横向比较分析法两种类型。

1）纵向比较分析法。纵向比较分析法又称趋势分析法，是指将同一企业连续若干期的同一财务指标进行对比，确定其增减变动的方向、数额和幅度，以此揭示企业财务状况或经营成果发展变化趋势。

2）横向比较分析法。横向比较法是指将本企业的财务状况与其他企业（包括本行业平均水平）的同期财务状况进行对比，以反映企业与竞争对手之间的差异程度及本企业在行业中所处的地位，为企业今后发展指明方向。

2．应注意的问题

1）用于进行对比的各个指标，在计算口径上必须一致。

2）应剔除偶发性项目的影响，使分析的数据能反映正常的经营状况。

3）应运用例外原则，对某项有显著变动的指标进行重点分析，研究其产生变动的原因，以便采取适当的对策，趋利避害。

7.3 财务能力分析

7.3.1 偿债能力分析

偿债能力是指企业偿还到期债务的能力。偿债能力分析包括短期偿债能力分析和长期偿债能力分析两个方面。

1．短期偿债能力

短期偿债能力是指企业以流动资产偿还流动负债的能力。它反映企业偿付日常到期债务的能力。短期偿债能力的指标主要有流动比率、速动比率、现金比率等。

（1）流动比率

流动比率是流动资产与流动负债的比率。它表明企业每 1 元流动负债有多少流动资产作为偿还保证，反映了企业用可在短期内转变为现金的流动资产偿还流动负债的能力。其计算公式为

$$流动比率=\frac{流动资产}{流动负债}$$

一般情况下，流动比率越高，流动负债的偿还越有保障，企业的短期偿债能力越强，债权人的权益越有保证。如果流动比率过低，则企业可能捉襟见肘，难以如期偿还债务。但是，流动比率也不可以过高，过高则表明企业流动资产占用较多，会影响资金的使用效率，造成企业机会成本的增加和盈利能力的降低；同时，流动比率高也不代表企业一定能够足额偿还债务，这还取决于企业的存货和应收账款的变现能力。国际上通常认为，流动比率的下限为 1，为 2 时较为合适。但是，对于流动比率到底应保持多少才算合理这一问题，一方面，不

同行业、不同企业以及同一企业不同时期的评价标准都是不一样的，难以用统一的标准来评价各个企业流动比率的合理性；另一方面，流动比率还取决于企业对待风险和收益的态度，这实际上是协调盈利性和流动性矛盾的问题。

（2）速动比率

速动比率是企业速动资产与流动负债的比率。速动资产是指可以在较短时间内变现的资产，包括货币资金、以公允价值计量且其变动计入当期损益的金融资产和应收款项等。其计算公式为

$$速动比率=\frac{速动资产}{流动负债}$$

$$=\frac{流动资产-存货-预付账款-待摊费用}{流动负债}$$

速动比率可用作流动比率的辅助指标，表明每 1 元流动负债有多少速动资产作为偿还保障。有时企业流动比率虽然较高，但流动资产中易于变现、可用于立即支付的资产很少，则企业的短期偿债能力仍然较差。速动比率剔除了存货等变现能力较弱的资产，因而速动比率更能准确地反映企业的短期偿债能力。

一般情况下，速动比率越高，表明企业偿还流动负债的能力越强。但是过高的速动比率，会因为企业现金及应收账款资金占用过多而大大增加企业的机会成本，造成盈利能力的降低。相反，速动比率低，也并不代表企业一定不能偿还债务。如果流动比率较高并且存货变现能力强，即使速动比率低，企业仍可以偿还到期债务。国际上通常认为速动比率等于 1 较为合适，但这也并非统一的标准，不同行业的速动比率也有很大的差别。同时，由于速动资产的主要构成部分是应收账款，账面上的应收账款不一定都能变成现金，实际坏账的可能比计提的坏账准备要多。因此，影响速动比率的重要因素是应收账款的变现能力。

（3）现金比率

现金比率是指现金类资产与流动负债的比率，是衡量企业短期偿债能力的参考性指标。其中，现金类资产包括货币资金与交易性金融资产（即以公允价值计量且其变动计入当期损益的金融资产）。现金比率的计算公式为

$$现金比率=\frac{货币资金+交易性金融资产}{流动负债}$$

现金比率表明每 1 元流动负债有多少现金资产作为偿还保障，反映企业的直接支付能力。但在一般情况下，企业不可能也无必要保留过多的现金类资产。如果这一比率过高，就意味着企业所筹集的流动资金未能得到合理的运用。

2. 长期偿债能力

长期偿债能力是指企业偿还长期贷款利息与本金的能力。其衡量指标分为存量指标（资产负债率、产权比率和权益乘数）和流量指标（利息保障倍数等）两大类。

（1）资产负债率

资产负债率又称负债比率，是企业负债总额和资产总额的比率。它反映了企业的资产总额中有多大比例是通过举债而得到的。其计算公式为

$$资产负债率=\frac{负债总额}{资产总额}\times100\%$$

资产负债率表明在企业资产总额中债权人提供资金所占的比重，可以反映企业资产对债权人权益的保障程度。一般情况下，资产负债率越小，表明企业的长期偿债能力越强。因此，从债权人的角度来说，该指标越小越好，这样企业偿债越有保证。但是，从企业所有者的角度来说，如果该指标过小，则表明企业对债务的财务杠杆利用不够；如果该指标过大，则表明企业的债务负担重，企业资本实力不强，不仅对债权人不利，还有濒临倒闭的危险。保守的观点认为资产负债率不应高于 50%，而国际上通常认为资产负债率为 60% 较为合适。事实上，不同行业、不同企业的资产负债率都有较大差异，不能用统一的标准来评价。

（2）产权比率

产权比率也称资本负债率，是企业负债总额与所有者权益总额的比率。其计算公式为

$$产权比率=\frac{负债总额}{所有者权益总额}\times100\%$$

一般情况下，产权比率越低，表明企业的长期偿债能力越强，债权人权益的保障程度越高，承担的风险越小，但企业不能充分发挥负债的财务杠杆效应。产权比率越高，企业的负债程度越高，财务风险越大。

产权比率实际上是资产负债率的另一种表现形式，它反映了债权人所提供资金与股东所提供资金的对比关系。资产负债率侧重于说明债务偿付安全性的物质保障程度，产权比率则强调了权益资本对偿债风险的承受能力。

（3）权益乘数

权益乘数是资产总额与所有者权益总额的比率。其计算公式为

$$权益乘数=\frac{资产总额}{所有者权益总额}$$

权益乘数表明每 1 元权益资本驱动了多少总资本的运行，它实际上反映了企业财务杠杆的大小。权益乘数越大，表明股东投入的资本在总资产中所占的比重越小，意味着企业的债务较多，因此，企业的财务杠杆的作用就越大，同样财务风险也越大。

实际上，资产负债率、产权比率和权益乘数本质上是一回事，三者呈同方向变化。其关系为

$$权益乘数=1+产权比率=\frac{1}{1-资产负债率}$$

（4）利息保障倍数

利息保障倍数又称已获利息倍数，是指企业一定时期息税前利润为利息支出的倍数，反映了获利能力对债务偿付的保障程度。其计算公式为

$$利息保障倍数=\frac{息税前利润总额}{利息支出}$$

息税前利润是指利润表中扣除利息费用和所得税之前的利润，通俗地说就是不扣除利息也不扣除所得税的利润。其计算公式为

息税前利润=销售收入−变动成本−固定成本
=净利润/（1−所得税税率）+利息费用
=净利润+所得税费用+利息费用
=利润总额+利息费用

长期债务不需要每年还本，却需要每年偿还利息。利息保障倍数表明每 1 元债务利息有多少倍的息税前收益做保障，可以反映债务政策的风险大小。如果企业一直保持按时付息的信誉，则长期负债可以延续，举借新债也比较容易。因此，利息保障倍数体现了企业的经营所得支付利息的能力，这个比率越大，表明利息支付越有保障。一般情况下，企业的利息保障倍数至少要大于 1，否则，企业就难以偿付债务及利息。

7.3.2　营运能力分析

营运能力分析主要用来衡量企业资金周转方面的状况及企业资产管理的效率，以此了解企业的营业能力和经营管理水平。企业资金周转状况好，表明企业的经营管理水平高、资金利用效率高。企业资金周转状况与供、产、销各个经营环节密切相关，任何一个环节出现问题，都会影响到企业资金的正常周转。资金只有顺利地通过各个经营环节，才能完成一次循环。评价企业的营运能力，常用的财务比率有应收账款周转率、存货周转率、流动资产周转率、固定资产周转率和总资产周转率等。

1．应收账款周转率

应收账款周转率是指在一定时期内企业的赊销收入净额与应收账款平均余额的比率。其计算公式为

$$\text{应收账款周转率}=\frac{\text{赊销收入净额}}{\text{应收账款平均余额}}$$

$$\text{应收账款平均余额}=\frac{\text{期初应收账款}+\text{期末应收账款}}{2}$$

应收账款周转率是评价应收账款流动性大小的一个重要财务比率，反映了应收账款在一个会计年度内的周转次数。该比率越高，说明企业回收应收账款的速度越快，流动性越强，坏账损失减小，短期偿债能力也能得到增强。另外，也可以用应收账款周转天数来反映应收账款的周转情况。其计算公式为

$$\text{应收账款周转天数}=\frac{360}{\text{应收账款周转率}}$$

应收账款周转天数表示应收账款周转一次需要的天数。一般来说，周转天数越短，表明企业的应收账款周转速度越快、营运能力越强。

2．存货周转率

存货周转率是指在一定时期内企业销售成本与存货平均余额的比率。其计算公式为

$$\text{存货周转率}=\frac{\text{销售成本}}{\text{存货平均余额}}$$

$$\text{存货平均余额}=\frac{\text{期初存货余额}+\text{期末存货余额}}{2}$$

存货周转率表明一定时期内企业存货周转的次数，反映企业存货的变现速度，可用来衡量企业的销售能力及存货是否过量。因此，存货周转率反映了企业的销售效率和存货使用的效率。在正常经营情况下，企业存货周转率越高，表明存货周转速度越快，企业的销售能力越强，营运资本被存货占用的金额越少，企业的资产流动性较好，资金利用效率较高；反之，存货周转率较低，常常是库存管理不佳、销售状况不好、造成存货积压的表现。存货周转情况也可以用存货周转天数来表示。其计算公式为

$$存货周转天数=\frac{360}{存货周转率}$$

存货周转天数表示存货周转一次所需要的时间。天数越短，表明存货周转得越快，资产营运效率越高。

3. 流动资产周转率

流动资产周转率是指企业销售收入与流动资产平均余额的比率，反映了企业全部流动资产的利用效率。其计算公式为

$$流动资产周转率=\frac{销售收入}{流动资产平均余额}$$

$$流动资产平均余额=\frac{期初流动资产余额+期末流动资产余额}{2}$$

该指标越高，表明企业流动资产的利用效率越高。

4. 固定资产周转率

固定资产周转率是指企业销售收入与固定资产平均净值的比率，反映了企业对厂房、设备等固定资产的利用效率。其计算公式为

$$固定资产周转率=\frac{销售收入}{固定资产平均净值}$$

$$固定资产平均净值=\frac{期初固定资产净值+期末固定资产净值}{2}$$

固定资产周转率越高，表明企业固定资产的利用效率越高，管理水平越好，企业对固定资产利用充分，固定资产投资得当、结构合理；如果该指标偏低，表明企业的生产效率较低，可能会影响企业的盈利能力。

5. 总资产周转率

总资产周转率是指企业销售收入与平均资产总额的比率，反映了企业全部资产的利用效率。其计算公式为

$$总资产周转率=\frac{销售收入}{平均资产总额}$$

$$平均资产总额=\frac{期初资产总额+期末资产总额}{2}$$

总资产周转率越高，表明企业全部资产的利用效率越高；反之，则表明企业利用全部资产进行经营的效率较差，最终会影响企业的盈利能力。企业应该采取各种措施提高资产利用效率。

7.3.3　盈利能力分析

盈利能力就是企业赚取利润的能力。盈利是企业的重要经营目标，是企业生存和发展的物质基础，它不仅关系到企业所有者的投资报酬，还是企业偿还债务的一个重要保障。评价企业盈利能力的财务比率主要有销售净利率、资产报酬率、资产净利率、净资产收益率等。

1．销售净利率

销售净利率是指企业一定时期净利润与销售收入的比率，反映企业销售收入创造净利润的能力。其计算公式为

$$销售净利率=\frac{净利润}{销售收入}\times 100\%$$

销售净利率是企业销售的最终获利能力指标，该指标越高，表明企业销售的获利能力越强。但是，它受行业特点影响较大。通常来说，越是资本密集型企业，销售净利率就越高；反之，资本密集程度较低的企业，销售净利率也较低。运用该比率分析应结合不同行业的具体情况进行。

2．资产报酬率

资产报酬率是指企业在一定时期内的利润额与平均资产总额的比率，主要用来衡量企业利用资产获取利润的能力。在实践中，根据财务分析的目的不同，利润额可以分为息税前利润、利润总额和净利润，因此，资产报酬率也可以分为三种类型。其中，总资产报酬率是采用息税前利润来计算的。

总资产报酬率是指企业一定时期的息税前利润与平均资产总额的比率。其计算公式为

$$总资产报酬率=\frac{息税前利润}{平均资产总额}\times 100\%$$

总资产报酬率表明企业利用每 1 元经济资源在经营活动中所获得的报酬，是反映企业资产综合利用效果的指标。它不受资本结构的影响，全面地反映了企业全部资产的盈利能力。一般情况下，该指标越高，表明企业的资产利用效益较好，整个企业的盈利能力较强，经营管理水平较高。

3．资产净利率

资产净利率是指一定时期净利润与平均资产总额的比率。其计算公式为

$$资产净利率=\frac{净利润}{平均资产总额}\times 100\%$$

资产净利率表明企业每 1 元资产可以为股东赚取的净利润，通常用于评价企业对股权投资的回报能力。企业的经营活动、投资活动、筹资活动以及国家税收政策的变化等都会影响到净利润。一般情况下，该指标越高，表明企业的盈利能力越强。

4．净资产收益率

净资产收益率是企业一定时期的净利润与净资产的比率。其计算公式为

$$净资产收益率=\frac{净利润}{平均净资产}\times 100\%$$

7.3.4 发展能力分析

发展能力是企业在生存的基础上扩大规模、壮大实力的潜在能力。可以从销售收入、利润、资产、资本等方面的增长趋势来评价企业的发展能力。

1. 销售增长率

销售增长率是企业本年度销售收入增长额与上年度销售收入总额的比率。其计算公式为

$$销售增长率=\frac{本年度销售收入增长额}{上年度销售收入总额}\times 100\%$$

本年度销售收入增长额=本年度销售收入总额-上年度销售收入总额

销售增长率反映了企业销售收入的变化情况，是评价企业成长性和发展能力的重要指标，用来衡量企业的经营状况和市场占有能力。该比率大于 0，表示企业本年度销售收入增加；反之，表示销售收入减少。该指标越高，表明企业销售收入的成长性较好，企业的发展能力越强。

2. 利润总额增长率

利润总额增长率是指企业本年度利润总额增长额与上年度利润总额的比率。其计算公式为

$$利润总额增长率=\frac{本年度利润总额增长额}{上年度利润总额}\times 100\%$$

本年度利润总额增长额=本年度利润总额-上年度利润总额

利润总额增长率反映了企业盈利能力的变化。该指标越高，表明企业的成长性越好，发展能力越强。

3. 总资产增长率

总资产增长率是企业本年度总资产增长额与年初资产总额的比率，反映了企业本年度资产规模的增长情况。其计算公式为

$$总资产增长率=\frac{本年度总资产增长额}{年初资产总额}\times 100\%$$

本年度总资产增长额=本年度总资产年末余额-本年度总资产年初余额

总资产增长率是从企业资产规模扩张方面来衡量企业发展能力的。一般来说，总资产增长率越高，说明企业资产规模增长的速度越快，企业的竞争力越强。

4. 股权资本增长率

股权资本增长率是企业本年度股东权益增长额与年初股东权益总额的比率，反映了企业本年度股东权益的增长情况。其计算公式为

$$股权资本增长率=\frac{本年度股东权益增长额}{年初股东权益总额}\times 100\%$$

本年度股东权益增长额=本年度股东权益年末余额-本年度股东权益年初余额

股权资产本增长率体现了企业资本的积累能力。一般来说，股权资本增长率越高，表明企业的资本积累能力越强，发展能力也越强。

7.4　财务综合分析

所谓财务综合分析，就是将偿债能力、营运能力、盈利能力和发展能力等诸方面的分析纳入一个有机的整体之中，全面地对企业财务状况、经营成果进行揭示与披露，从而对企业经济效益的优劣做出准确的评价与判断。

财务综合分析的方法有很多种，传统方法主要有杜邦分析法和沃尔评分法等。

7.4.1　杜邦分析体系

杜邦分析体系，简称杜邦体系，是指利用各主要财务比率指标之间的内在联系，对企业财务状况及经济效益进行综合系统分析评价的方法。该体系以净资产收益率为龙头，以资产净利率和权益乘数为核心，重点揭示企业获利能力及权益乘数对净资产收益率的影响，以及各相关指标之间的相互作用关系。因其在 20 世纪 20 年代由美国杜邦公司率先采用，故称杜邦分析体系。

杜邦分析是对企业财务状况进行的综合分析，它通过几种主要财务指标之间的关系，直观、明了地反映企业的财务状况。它并未建立新的财务指标。杜邦分析体系如图 7-5 所示。

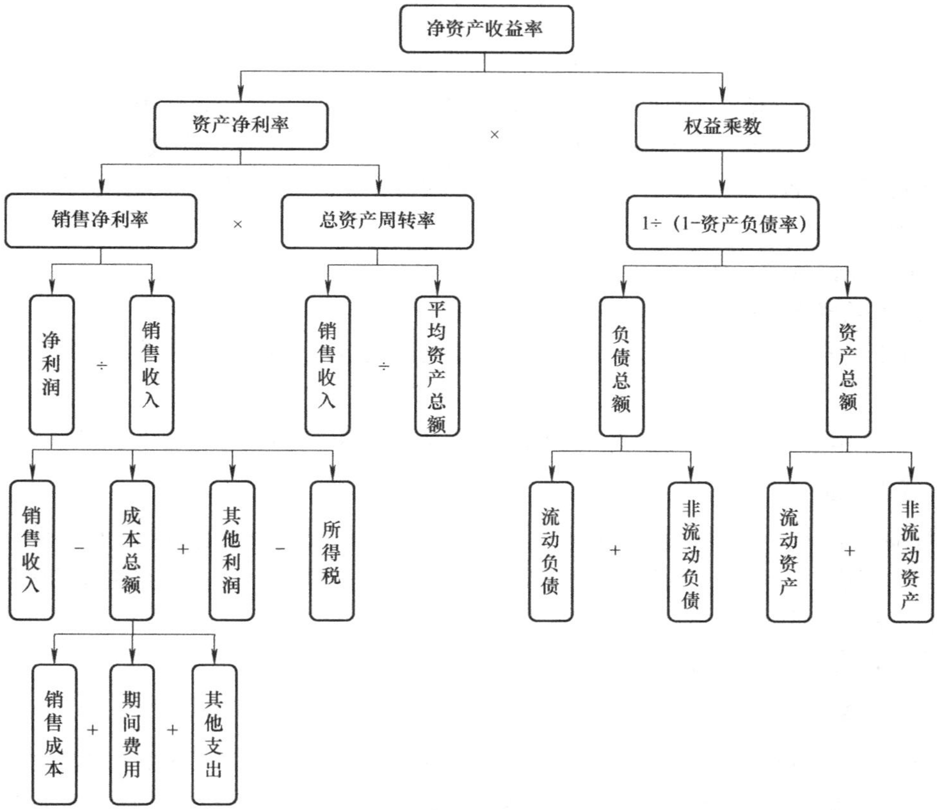

图 7-5　杜邦分析体系图

从杜邦分析体系图中可以看出，净资产收益率是一个综合性极强、最具有代表性的财务比率，它是杜邦系统的核心。企业财务管理的最终目标就是要实现股东财富最大化，而净资产收益率正反映了股东投入资金的盈利能力，体现了企业筹资、投资和生产运营等各方面经营活动的效率。例如，资产利用效率的高低、销售规模的大小、成本费用的增减、资本结构的调整等，最终都会在净资产收益率上体现出来。

1．净资产收益率的分解及其驱动因素

净资产收益率首先可以分解为资产净利率和权益乘数。资产净利率主要反映企业运用资产进行生产经营活动的效率如何，权益乘数主要反映企业的财务杠杆情况，即企业的资本结构。

$$\text{净资产收益率}=\frac{\text{净利润}}{\text{平均所有者权益}}$$

$$=\frac{\text{净利润}}{\text{平均资产总额}}\times\frac{\text{平均资产总额}}{\text{平均所有者权益}}$$

$$=\text{资产净利率}\times\text{权益乘数}$$

$$\text{资产净利率}=\frac{\text{净利润}}{\text{平均资产总额}}$$

$$=\frac{\text{净利润}}{\text{销售收入}}\times\frac{\text{销售收入}}{\text{平均资产总额}}$$

$$=\text{销售净利率}\times\text{总资产周转率}$$

经过上述两次分解，净资产收益率可以分解为 3 个指标，计算公式为

$$\text{净资产收益率}=\text{销售净利率}\times\text{总资产周转率}\times\text{权益乘数}$$

由此可见，净资产收益率有 3 个驱动因素，或者说企业的经营者可以通过三个杠杆来调控净资产收益率：

① 每 1 元销售收入所能实现的净利润，即销售净利率。

② 每 1 元资产所能带来的销售收入，即总资产周转率。

③ 每 1 元权益资本所能驱动的总资产，即权益乘数，反映了企业利用债务资本的财务杠杆作用。

因此，无论经营者采用什么方式来提高这些比率，最终都会提高净资产收益率。

2．权益乘数

权益乘数是反映企业偿债能力的一个重要财务比率，表示企业的负债程度，反映了企业利用财务杠杆进行经营活动的程度。资产负债率高，权益乘数就大，说明企业负债程度高，企业有较多的财务杠杆利益，但风险也高；反之，资产负债率低，权益乘数就小，说明企业负债程度低，企业有较少的财务杠杆利益，但相应所承担的风险也低。

3．资产净利率

资产净利率是反映企业盈利能力的一个重要财务比率，它揭示了企业生产经营活动的效率，综合性也极强。企业的销售收入、成本费用、资产结构、资产周转速度以及资金占用量等各种因素，都直接影响到资产净利率的高低。资产净利率是销售净利率与总资产周转率的

乘积，因此，可以从企业的销售与资产管理两个方面来进行分析：

1）从企业的销售方面来看，销售净利率反映了企业净利润与销售收入之间的关系。一般来说，销售收入增加，企业的净利润也会随之增加。但是，要想提高销售净利率，必须一方面提高销售收入，另一方面降低各种成本费用，这样才能使净利润的增长率高于销售收入的增长率，从而使销售净利率得以提高。由此可见，提高销售净利率必须从以下两个方面采取措施：

① 开拓市场，增加销售收入。在市场经济中，企业必须深入调查研究市场情况，了解市场的供求关系。在战略上，从长远利益出发，努力开发新产品；在策略上，保证产品质量，加强营销手段，努力提高市场占有率。

② 加强成本费用控制，降低耗费，增加利润。从杜邦分析系统中可以分析企业的成本费用结构是否合理，以便发现企业在成本费用管理方面存在的问题，为加强成本费用管理提供一定的依据。企业要想在激烈的市场竞争中立于不败之地，不仅要在营销与产品质量上下功夫，还要尽可能降低产品的成本，这样才能增强产品在市场上的竞争力。同时，企业也要严格控制企业的管理费用、财务费用等各种期间费用，降低耗费，增加利润。特别要注意分析企业的利息费用与利润总额之间的关系，如果企业所承担的利息费用太多，就应当进一步分析企业的资本结构是否合理，资产负债率是否过高。由此可见，不合理的资本结构会影响到企业所有者的报酬。

2）从企业的资产管理方面来看，主要应该分析以下两个方面：

① 分析企业的资产结构是否合理，即流动资产与非流动资产的比例是否合理。资产结构实际上反映了企业资产的流动性，它不仅关系到企业的偿债能力，还会影响企业的盈利能力。一般来说，如果企业流动资产中货币资金所占的比重过大，就应当分析企业现金持有量是否合理，是否有现金闲置的现象，持有过多的现金会影响企业的盈利能力；如果流动资产中的存货与应收账款过多，也会占用大量的资金，影响企业的资金周转能力。

② 结合销售收入，分析企业的资产周转情况。资产周转速度直接影响企业的盈利能力，如果企业资产周转较慢，就会占用大量的资金，增加资本成本，减少企业的利润。在对资产周转进行分析时，不仅要分析企业的总资产周转情况，更要分析企业的存货周转率和应收账款周转率，并将其周转情况与资金占用情况结合起来分析。

7.4.2　沃尔评分法

1. 基本原理

1928 年，企业财务综合分析的先驱者之一亚历山大·沃尔（Alexander Wole）在其出版的《信用晴雨表研究》和《财务报表比率分析》中提出了信用能力指数的概念。他选择了 7 个财务比率，即流动比率、产权比率、固定资产比率、存货周转率、应收账款周转率、固定资产周转率和自有资金周转率，分别给定各指标的比重，然后确定标准比率（以行业平均数为基础），将实际比率与标准比率相比，得出相对比率，将此相对比率与各指标比重相乘，得出总评分，以此来评价企业的综合财务状况。他的这种方法被称为沃尔评分法。

2. 基本步骤

1）选择评价指标并分配指标权重。

盈利能力指标：资产收益率、销售净利率、净值回报率。

偿债能力指标：自有资本比率、流动比率、应收账款周转率、存货周转率。

发展能力指标：销售增长率、净利增长率、资产增长率。

按重要程度确定各项比率指标的评分值，评分值之和为 100。

三类指标的评分值的比例约为 5∶3∶2。其中，盈利能力指标中三者的权重比约为 2∶2∶1，偿债能力指标和发展能力指标中各项具体指标的重要性大体相当。

2）确定各项比率指标的标准值，即各该指标在企业现时条件下的最优值。可以采用行业平均值、企业的历史先进值、国家有关标准或国际公认的基准等。

3）计算企业在一定时期内各项比率指标的实际值。

4）将计算出的实际值与所确定的标准值进行比较，计算一个相对比率，将各项指标的相对比率与其重要性权数相乘，得出各项比率指标的指数。

5）形成评价结果。将各项比率指标的指数相加，最后得出企业的综合指数，即可以判明企业财务状况的优劣。

3. 缺陷与不足

沃尔评分法从理论上讲有一个明显的问题，就是未能证明为什么要选择这 7 个指标，而不是更多或更少些，或者选择其他财务比率，以及未能证明每个指标权重的合理性。这个问题至今仍然没有从理论上得到解决。沃尔评分法从技术上讲也有一个问题，就是某一个指标严重异常时，会对总评分产生不合逻辑的重大影响。从评分规则来看，实际分数=Σ［（实际值÷标准值）×权重］。也就是说，比率的实际值越高，其单项得分也就会越高，从而企业的总评分也就更高，总体评价也就越好。这不符合企业进行综合评价的实际情况。例如，流动比率公认标准为 2，如果某企业流动资产金额很大，流动负债金额很小，导致流动比率非常大，使得总评分变高，误判为企业的整体情况越来越好。而实际上流动比率过高，会对企业的盈利能力和总体发展能力造成不利影响。尽管沃尔评分法在理论上还有待证明，在技术上也不完善，但它还是在实践中被应用。

7.5 SWOT 分析

在现代的战略规划报告里，来自麦肯锡咨询公司的 SWOT 分析是一种非常流行的战略分析工具。它包括分析企业的优势（strengths）、劣势（weaknesses）、机会（opportunities）和威胁（threats）。因此，SWOT 分析实际上是对企业内外部条件的各方面内容进行综合概括，进而分析组织的优势和劣势、面临的机会和威胁的一种方法。

SWOT 分析可以帮助企业把资源和行动聚集在自己的强项和机会最多的地方。优势和劣势分析主要着眼于企业自身的实力及其与竞争对手的比较，而机会和威胁分析将注意力放在外部环境的变化及对企业的可能影响上。在分析时，应把所有的内部因素（优势和劣势）集中在一起，然后用外部力量来对这些因素进行评估。

7.5.1　优势与劣势分析（SW）

识别环境中有吸引力的机会是一回事，拥有在机会中取得成功所必需的竞争能力则是另一回事。每个企业都要定期检查自己的优势与劣势，这可以通过“企业经营管理检核表”进行。企业或企业外部的咨询机构都可利用这一表格检查企业的营销、财务、制造和组织能力，其中每一要素都按照特强、稍强、中等、稍弱和特弱划分为不同等级。

当两个企业处在同一市场，或者说它们都有能力向同一顾客群体提供产品和服务时，如果其中一个企业有更高的盈利率或更强的盈利潜力，那么，就认为这个企业比另一个企业更具有竞争优势。换句话说，所谓竞争优势，是指一个企业超越其竞争对手的能力，这种能力有助于实现企业的主要目标——盈利。但值得注意的是，竞争优势并不一定完全体现在较高的盈利率上，因为有时企业更希望增加市场份额，或者多奖励管理人员或雇员。

竞争优势是消费者眼中一个企业或其产品有别于其竞争对手的任何优越的东西。它可以是产品线的宽度、产品的大小、质量、可靠性、适用性、风格和形象，以及服务的及时、热情等。虽然竞争优势实际上是指一个企业比其竞争对手具有更强的综合优势，但是明确企业究竟在哪一个方面具有优势更有意义，因为只有这样，才可以扬长避短，或者避实击虚。

由于企业是一个整体，而且竞争性优势的来源十分广泛，所以，在做优势和劣势分析时必须从整个价值链的每个环节入手，将企业与竞争对手做详细的对比，如产品是否新颖、制造工艺是否复杂、销售渠道是否畅通，以及价格是否具有竞争性等。如果一个企业在某个方面或几个方面的优势正是该行业内企业应具备的关键成功要素，那么该企业的综合竞争优势也许就更强一些。需要指出的是，衡量一个企业及其产品是否具有竞争优势，只能站在现有潜在用户的角度，而不能站在企业的角度。

企业在维持竞争优势的过程中，必须深刻认识自身的资源和能力，采取适当的措施。因为一个企业一旦在某一方面具有了竞争优势，势必会吸引竞争对手的注意。一般来说，企业经过一段时期的努力，建立起某种竞争优势；然后处于维持这种竞争优势的态势，竞争对手开始逐渐做出反应；再之后，如果竞争对手直接进攻企业的优势所在，或采取其他更为有力的策略，就会使这种优势被削弱。

7.5.2　机会与威胁分析（OT）

随着经济、社会、科技等诸多方面的迅速发展，特别是世界经济全球化、一体化进程的加快，全球信息网络的建立和消费需求的多样化，企业所处的环境更为开放和动荡。这种变化几乎对所有企业都产生了深刻的影响。正因为如此，环境分析成为一种日益重要的企业职能。

环境发展趋势分为两大类：一类为环境威胁：另一类为环境机会。环境威胁是指环境中不利发展趋势形成的挑战，如果不采取果断的战略行为，这种不利趋势将导致企业的竞争地位被削弱。环境机会就是对企业行为富有吸引力的领域，在这一领域中，企业将拥有竞争优势。

对环境的分析也可以有不同的角度。例如，PEST 分析是一种简明扼要的方法，另一种比较常见的方法是波特五力模型分析法。

7.5.3 关键因素

影响企业竞争优势持续时间的主要有三个关键因素：建立这种优势需要多长时间？能够获得的优势有多大？竞争对手做出有力反应需要多长时间？

如果企业分析清楚了这三个因素，就会明确自己在建立和维持竞争优势这方面的地位了。

显然，企业不应去纠正它的所有劣势，也不应对其优势不加利用。主要的问题是企业要研究它究竟应该只局限于已拥有的优势中，还是要去获取和发展另外一些优势以找到更好的机会。有时，企业发展慢并非因为其各部门缺乏优势，而是因为它们不能很好地协调配合。例如，一家大型电子公司中，工程师轻视销售人员，视其为“不懂技术的工程师”；而销售人员则瞧不起服务人员，视其为“不会做生意的销售人员”。因此，将评估内部各部门的工作关系作为一项内部审计工作是非常重要的。

波士顿咨询公司提出，能获胜的企业是取得内部优势的企业，而不仅仅是只抓住企业的核心能力。每一家企业都必须管理好某些基本程序，如新产品开发、原材料采购、对订单的销售引导、对客户订单的现金实现、对顾客问题的解决时间等，每一道程序都创造价值且需要内部各部门协同工作。虽然每一个部门都可以拥有一项核心能力，但如何开发和管理这些能力仍是一项挑战。

7.5.4 SWOT 分析的类型

SWOT 分析有 4 种不同类型的组合：优势–机会（SO）组合、劣势–机会（WO）组合、优势–威胁（ST）组合和劣势–威胁（WT）组合。

1. 优势–机会（SO）组合

优势–机会（SO）组合是一种发展企业内部优势与利用外部机会的战略，它是一种理想的战略模式。当企业具有特定方面的优势，而外部环境又为发挥这种优势提供有利机会时，可以采取该战略。例如，良好的产品市场前景、供应商规模扩大和竞争对手有财务危机等外部条件，配以企业市场份额提高等内在优势，可成为企业收购竞争对手、扩大生产规模的有利条件。同时，这种战略又具有明显的杠杆效应，该效应产生于内部优势与外部机会相互一致和适应时。在这种情形下，企业可以用自身的内部优势“撬起”外部机会，使机会与优势充分结合并发挥作用。然而，机会往往是稍瞬即逝的，因此企业必须敏锐地捕捉机会、把握时机，以寻求更大的发展。

2. 劣势–机会（WO）组合

劣势–机会（WO）组合是利用外部机会来弥补内部弱点，使企业改变劣势从而获取优势的战略。如果存在外部机会，但由于企业有一些内部弱点而妨碍其利用机会，可采取措施先克服这些弱点。例如，若企业的弱点是原材料供应不足和生产能力不够，从成本的角度来看，前者会导致开工不足、生产能力闲置、单位成本上升，且加班加点会导致一些附加费用。在产品市场前景向好的前提下，企业可利用供应商扩大规模、新技术设备降价、竞争对手财务危机等机会，实现纵向整合战略，重构企业价值链，以保证原材料供应，同时可考虑购置生产线来克服生产能力不足及设备老化等缺点。通过克服这些弱点，企业有可能进一步利用各种外部机会，降低成本，取得成本优势，最终赢得竞争优势。但是，这种组合具有明显的抑制性，也就意味着妨碍、阻止、影响与控制。当环境提供的机会与企业内部资源优势不相适合，或者不能相互重叠时，企业的优势即使再大也可能得不到发挥。在这种情形下，企业就需要提供和追加某种资源，以促进内部资源劣势向优势方面转化，从而迎合或适应外部机会。

3．优势–威胁（ST）组合

优势–威胁（ST）组合是指企业利用自身优势，回避或减轻外部威胁所造成的影响。例如，竞争对手利用新技术大幅度降低成本，给企业带来很大的成本压力；同时，材料供应紧张，其价格可能上涨；消费者要求大幅度提高产品质量；企业要支付高额环保成本，等等。这些都会导致企业的成本状况进一步恶化，在竞争中处于非常不利的地位。但若企业拥有充足的现金、熟练的技术工人和较强的产品开发能力，便可利用这些优势开发新工艺，简化生产工艺过程，提高原材料利用率，从而降低材料消耗和生产成本。另外，开发新技术产品也是企业可选择的战略。新技术、新材料和新工艺的开发与应用是最具潜力的成本降低措施，同时可以提高产品质量，从而回避外部威胁影响。这种组合的脆弱性明显，即意味着优势的程度或强度降低、减弱。当环境状况对企业优势构成威胁时，优势得不到充分发挥，易出现优势不优的脆弱局面。在这种情形下，企业必须克服威胁，以发挥优势。

4．劣势–威胁（WT）组合

劣势–威胁（WT）组合是一种旨在减少内部弱点、回避外部环境威胁的防御性战略。当企业存在内忧外患时，往往面临生存危机，降低成本也许会成为改变劣势的主要措施。企业成本状况恶化、原材料供应不足、生产能力不够时，无法实现规模效益，且设备老化，在成本控制方面难以有大作为，这将迫使企业采取目标集聚战略或差异化战略，以回避成本方面的劣势和成本原因带来的威胁。其实，当企业的内部劣势与外部威胁相遇时，企业就面临着严峻挑战，如果处理不当，可能直接威胁到企业的生存。

7.5.5　SWOT 分析的步骤

SWOT 分析可以通过以下步骤实现：

1）确认当前的战略是什么。

2）确认企业外部环境的变化（波特五力模型或者 PEST 分析）。

3）根据企业资源组合情况，确认企业的关键能力与关键限制（见表 7-2）。

4）采用 GE 矩阵（通用电气公司开发的投资组合分析方法）或类似的方式打分评价。

表 7-2　企业的关键能力与关键限制

潜在资源优势	潜在资源劣势	潜在机会	潜在威胁
• 有力的战略 • 有利的金融环境 • 有利的品牌形象和声誉 • 被广泛认可的市场领导地位 • 专利技术 • 成本优势 • 强势广告 • 产品创新技能 • 优质的客户服务 • 优质的产品质量 • 战略联盟与并购	• 没有明确的战略导向 • 陈旧的设备 • 超额负债 • 超过竞争对手的高额成本 • 缺少关键技能和资格能力 • 利润的损失 • 内在的运作环境 • 落后的研发能力 • 产品组合宽度不足 • 市场规划能力欠缺	• 服务独特的客户群体 • 新的地理区域的扩张 • 产品组合的扩张 • 核心技能向产品组合的转化 • 垂直整合的战略形式 • 分享竞争对手的市场资源 • 竞争对手的支持 • 战略联盟与并购带来的超额覆盖 • 新技术开发通路 • 品牌形象拓展通路	• 强势竞争者的进入 • 替代品引起的销售下降 • 市场增长的减缓 • 交换效率和贸易政策的不利转换 • 新规则引起的成本增加 • 商业周期的影响 • 客户和供应商的杠杆作用的加强 • 消费者购买需求的下降 • 人口与环境的变化

把识别出的所有优势分成两组，以如下原则为基础：它们是与行业中潜在的机会有关，还是与潜在的威胁有关。用同样的方法把所有的劣势分成两组，一组与机会有关，另一组与威胁有关。

5）将结果在 SWOT 分析图上进行定位，或者采用 SWOT 矩阵分析法，将组织的优势、劣势、机会和威胁分别填入相应位置，如图 7-6 和图 7-7 所示。

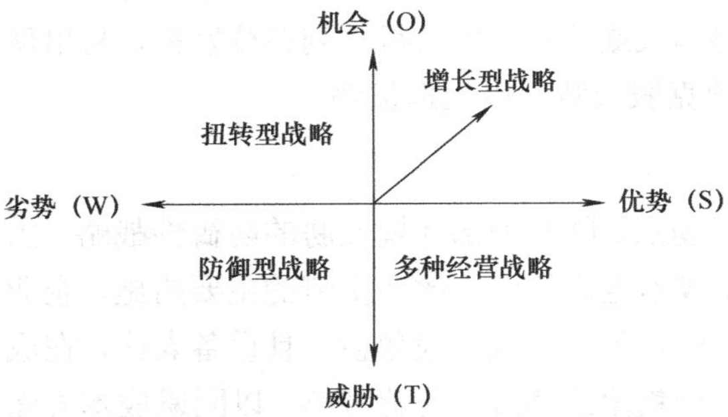

图 7-6　SWOT 分析图

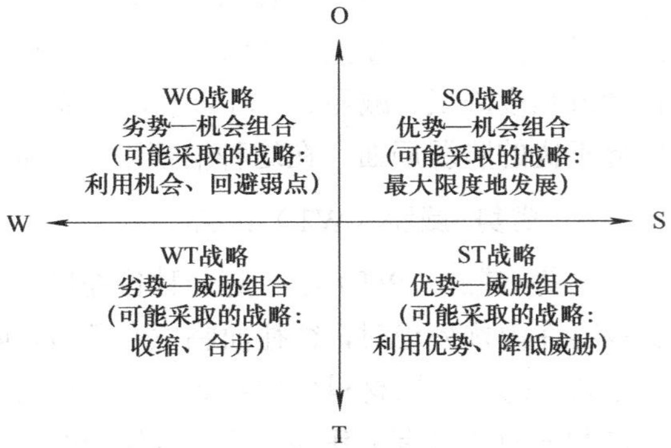

图 7-7　SWOT 矩阵分析

7.5.6　SWOT 分析的使用规则

使用 SWOT 分析的简单规则总结如下：

进行 SWOT 分析的时候，必须对企业的优势与劣势有客观的认识；要区分企业的现状与前景；要全面考虑；必须与竞争对手进行比较；保持 SWOT 分析的简洁，避免复杂化与过度分析；SWOT 分析的具体使用情况因人而异，一旦使用 SWOT 分析决定了关键问题，也就确定了市场营销的目标。

SWOT 分析可与 PEST 分析和波特五力模型等工具一起使用。

7.5.7　SWOT 分析的局限性

与很多其他的战略分析模型一样，SWOT 模型已提出很久了，具有一定的局限性。以前的企业可能比较关注成本、质量，现在的企业可能更强调组织流程。例如，以前的电动打字机被打印机取代，应该怎么转型？是应该做打印机，还是其他与机电有关的产品？从 SWOT 分析来看，电动打字机厂商的优势在机电，但是发展打印机又显得机会比较大。结果有的厂商朝打印机发展并不顺利，有的朝剃须刀生产发展却很成功。这就要看企业要的是以机会为主的成长策略，还是要以能力为主的成长策略。SWOT 模型没有考虑到企业改变现状的主动性。实际上，企业可以通过寻找新的资源来创造所需要的优势，从而达到过去无法达成的战略目标。

在运用 SWOT 分析的过程中，企业或许会碰到一些问题，这就是它的适应性局限。因为有很多场合可以运用 SWOT 分析，除了分析企业，还可以分析个人职业生涯等。基础 SWOT 分析产生的问题可以由更高级的 POWER SWOT 分析⊖得到解决。

课 后 习 题

1．根据财务报表能计算哪些财务指标数据？它们能传递什么信息？

2．什么是企业诊断？

补 充 资 料

第 7 章　名词解释

⊖ POWER 是个人经验（Personal Experience）、规则（Order）、比重（Weighting）、重视细节（Emphasize Detail）、权重排列（Rank and prioritize）的首字母缩写，对这些因素的分析就是所谓的高级 SWOT 分析。

第 8 章
总结与反思

模拟经营 6 年结束后，通过对企业的评价也掌握了每个企业的各方面都处于什么状态。但是，这并不是代表 ERP 沙盘模拟经营就全部完成了，经营之后的总结与反思也是十分重要的。通过反思，应该总结出经营过程中出现的问题，分析问题的原因，讨论应当采取的措施，从而在总结与反思中再次深刻领悟管理知识，掌握管理技巧。

下面将沙盘运营流程中的每一个步骤进行分解，逐一对所涉及的知识点和操作要点进行分析探讨。

8.1 年初计划

在管理学中，计划具有两重含义：其一是计划工作，是指根据对组织外部环境与内部条件的分析，提出在未来一定时期内要达到的组织目标以及实现目标的方案途径；其二是计划形式，是指用文字和指标等形式所表述的，组织以及组织内不同部门和不同成员在未来一定时期内关于行动方向、内容和方式安排的管理事件。

在管理实践中，计划是其他管理职能的前提和基础，并且还渗透到其他管理职能之中。计划在管理活动中具有特殊重要的地位和作用。

企业要想在市场竞争中获得一席之地，企业领导者必须有长远的目光、卓越的战略意识，做好年度计划、资金预算、生产计划等工作。

8.1.1 新年度规划会议

新年度规划会议在流程表中仅占一个格子，没有资金流动，也没有任何操作，因此很多初学者往往把它忽视了。然而，一个真正成熟的、有竞争力、有水平的企业，往往会用全部操作时间的 3/4 以上来进行年度规划。到底什么是年度规划？年度规划要做些什么、怎么做呢？

首先，年度规划会议是一个企业的战略规划会、全面预算会，也是“运筹帷幄”的决策会。企业可以对照沙盘经营流程表，将其一年要做的决策都模拟一遍，从而达到“先胜而后求战”的效果。套用《孙子兵法》里的话：规划，企业之大事，死生之地，存亡之道，不可不察也。

那么，规划应该怎么做才能有效呢？总的来说，就是根据流程表上的流程，将企业一年的运营全部模拟一遍。当然，这中间会涉及很多技巧，但有几点通用的规律是一样的，就是所谓的“道”。我们先来论一论“道”，如果真正掌握了“道”的法门，自然会将“道”演化出各种各样的“术”，也就是我们所说的技巧。

《道德经》里的开篇第一句就是“道可道，非常道”，即能够说得清楚的“道”就不是真的“道”了，“道”是靠悟的！所以，我们在学习的过程中除了讨论这些“道”以外，更重要的是不断实践、总结。

（1）凡事预则立，不预则废

没有好的预算，没有“走一步看三步”的眼光，只能是“走的时候，不知道去哪儿；到的时候，不知道在哪儿；回来的时候，不知道去过哪儿。”这样“脚踩西瓜皮——溜到哪儿算哪儿”的决策方式，很难在沙盘模拟经营中取得好成绩。

（2）用数据说话

在沙盘经营中，用数据说话是最重要的法则之一。凡事要用数据检验，制定大的战略更要经过严谨周密的计算，提供翔实可靠的数据来支持决策。

（3）知彼知己，百战不殆

“知彼知己，百战不殆”是《孙子兵法》中很重要的一个战略思想，同样非常适用于沙盘模拟商战。在沙盘经营中，可以设置一个环节让大家相互巡盘。这样设置的目的就是让大家可以做到知彼知己。竞争对手的市场开拓、产品选择、产能大小、现金多少等都是我们必须关注的。简单来说，了解竞争对手的企业要像了解自己的企业一样。只有这样，才能准确地推断出竞争对手的战略意图，从而采取相应的策略进行有效的应对。

（4）细节决定成败

许多人都听过张瑞敏打造海尔这个成功的案例，正是他对细节孜孜不倦的追求，使海尔从一个濒临破产的企业成长为我国标志性的跨国公司。同样地，进行沙盘企业模拟经营，也必须从细节入手。

无论是在平时上课时还是在沙盘模拟经营过程中，经常会听到有人抱怨：“就是因为做错了一步操作”“就是因为着急算错了一个数”“一不小心忘记做某个操作”……很多人觉得这些“失误”都是微乎其微的，不是自己真正实力的体现，即使错了，也无关大局，下次注意改正就好。其实不然。关注细节是一种习惯，是从平时点滴中慢慢积累、培养的。很多时候我们觉得自己的企业运气不好，因为某个小错误而失败，太可惜了。但究其根本，其实是因为在细节上没有把控好，犯了“致命的错误”，导致满盘皆输。

人们常说：“一个好的财务（计算）可以保证企业不死，一个好的市场（博弈）可以让企业壮大。”在前两个条件差不多的情况下，不犯错或者少犯错的企业就可以稳步发展。到了高水平的巅峰对决时，企业之间的较量就是对细节的把控。

（5）因势利导，随机应变

在比赛过程中，无论前期做了多么仔细、精确的预算和规划，还是随时可能发生预想不到的情况，如，由于没有注意交货期而导致选错订单或由于网络问题导致无法选单等各种各样的突发状况。这些突发状况都是事先无法预测，但又无法回避的现实问题。遇到突发情况时，有的企业乱了阵脚，不知如何而是好，垂头丧气，甚至放弃经营。而一个真正成熟的企业领导，应该具备“泰山崩于前而色不变”的心理素质，更重要的是要有可以及时分析时局、因势利导、随机应变地处理突发状况的大将风度。只有这样，才能在复杂的竞争环境中保持团队的战斗力，才能在随时变化的时局中找出制胜之道，才能在危机出现时转危为安。

8.1.2 广告投放

1．广告投放的目的

1）广告投放的目的主要有以下两种情况：第一，获得盈利；第二，挤垮对手。首先谈第一种情况，当企业处在弱势的时候，投放广告首先要考虑的是盈利问题，因为没有盈利，企业的生存就会受到威胁。盈利要从材料采购成本、生产成本、广告成本、产品组合、市场组合以及对手策略（有些困难，但也有一定的规律）等方面来考虑。其次是第二种情况，当企业处在优势或是与竞争对手处在优势持平的状态时，应当考虑这种情况——打击对手以提升自己。但是，打击对手的同时，自己也会受到一定的伤害，这就要看伤害给谁造成的损失更大，同时也要注意等着坐收渔翁之利的其他对手。

2）投放广告的时候要考虑企业的产能，销售订单要和企业的产能匹配，去库存是王道，这也是投放广告的出发点。

3）投放广告时一定要考虑所有者权益问题。如果不加思考地投广告，综合费用就会上升，而综合费用是影响所有者权益的最重要因素，用企业所有者权益降低的代价来换取高的广告投放是不明智的。

4）广告的投放还要考虑现金问题，没有充足的现金流，投放广告便需慎重。有的企业现金不足就用贴现来投放广告，也不是不可以，但应该把握一个度。广告不是越多越好，遵循韬晦之计也未尝不可。

2．该不该抢“市场老大”地位？

曾经有人在沙盘爱好者论坛上做了一个调查：第 1 年，你愿意花多少广告费去抢“市场老大”地位？结果是：选择 8M～9M 广告费的占 9.09%；选择 10M～12M 广告费的占 59.09%；选择 13M～15M 广告费的占 27.27%；选择 16M～18M 广告费的占 4.55%。由此可见，人们普遍倾向于选择 10M～15M 广告费。这难道是巧合吗？实际上，仔细算一笔账就会发现，抢“市场老大”地位怎样投入才最划算。

1）首先，对“市场老大”地位所带来的优势做一个时间假设。经常进行沙盘经营的人都知道，通常由于市场逐渐拓展和产品种类的丰富，产品需求量在后两年会大幅度增加，因此，“市场老大”的真正价值就在于前 4 年的市场选单。如果把第 2 年的“市场老大”效应算到第 4 年的市场选单，意味着如果第 1 年投入的抢“市场老大”地位的广告费为 11M，后期每年投入 2M 在这个市场拿两种产品的订单，3 年来在这个市场总共投入 15M 的广告费，平均每年 5M。那么必须思考，如果将这 5M 的广告费分散投放在不同的产品市场，获得的订单是否会优于抢“市场老大”地位的情况呢？实践证明，在每个企业的产能都比较低、市场竞争不激烈的情况下，5M 完全可以很顺利地将产品卖完。这时如果不经过周密的计算，狂砸广告费去抢“市场老大”地位，显然有些得不偿失。相反，在每个企业的产能都很高、竞争非常激烈的情况下，“市场老大”地位的优势才能逐渐体现出来。

2）规则告诉我们："市场老大"是指上一年度某市场所有产品销售总额最大的企业，有优先选单的权利。在没有"市场老大"的情况下，根据广告费多少来决定选单次序。于是，很多人就存在了一个认识误区，认为做"市场老大"就是比谁的广告费多。其实不然，"市场老大"比较的是整个市场的总销售额，而非一个产品单一的销售量。举个例子：甲公司只有 P1 产品，而乙公司拥有 P1 和 P2 两种产品，那么在选单过程中，即使最大的 P1 订单是被甲公司获得了，但是只要乙公司 P1 和 P2 两种产品的销售总额大于甲公司，那么无论甲公司投入多少广告费，"市场老大"仍然不是甲公司。这就要求我们在抢"市场老大"地位的时候，不能只考虑靠"蛮力"猛砸广告费，更要考虑利用"巧劲"，即用合理的产品组合"偷"来"市场老大"。

"市场老大"地位是把双刃剑，用得好了，威力无穷；用得不好，则很有可能"赔了夫人又折兵"。因此，到底要不要做"市场老大"，以多少广告费抢"市场老大"地位，以什么样的产品组合抢"市场老大"地位，这些都是需要经过严密的计算后再博弈的。

3．该投多少广告费？

广告费怎么投？投入多少最合适？这是沙盘模拟经营中经常遇到的问题。很多人希望得到一个"秘籍"、一个"公式"或一个"方法"，可以直接套用并保证准确。其实，在沙盘模拟经营过程中，几个企业真正博弈的战场就是在市场选单的过程中。产品的选择、市场的选择都集中反映在广告投放策略上。兵无定势、水无常形，不同的市场、不同的规则、不同的竞争对手等一切内外部因素，都可能导致广告投放策略的不同。因此，要想找一个"一劳永逸"的公式从而做到准确无误地投放广告，确实不太可能。那么，是不是广告投放就没有任何规律可循呢？当然不是！很多优秀的市场总监都有一套广告投放的技巧和策略。下面先探讨一下关于广告投放的一些基本要素，以便更好地投放广告。当然还是那句话，没有绝对制胜的秘籍。因此，下面提供的方法也仅供参考。

通常拿到一个市场预测，首先要做的就是将图表信息转化成更易于读识的数据表，通过这样的"数字化"转换以后，可以清晰地看到各种产品、各个市场、各个年度的不同需求和毛利。通过这样的转换，不仅可以一目了然地找出不同时期市场的现金牛产品是什么，以帮助战略决策；更重要的是，通过将市场总需求量与不同时期全部队伍的产能相比较，可以分析出该产品是"供过于求"还是"供不应求"。通过这样的定量分析，就可以大略地分析出各个市场的竞争激烈程度，从而帮助确定广告费。另外，除了考虑整体市场的需求情况，还可以用这些需求量除以参与经营的企业数量，得到一个平均值。那么在投放广告时，如果企业打算当年出售的产品数量大于这个平均值，意味着可能需要投入更多的广告费用去抢夺别人手里的市场份额；反过来，如果打算出售的产品数量小于这个平均值，那么相对来说可以少投入一些广告费。

除了根据需求量分析以外，广告投放还要考虑整体广告方案，吃透并利用规则："若在同一产品上有多家企业投入的广告费相同，则按该市场上全部产品投入的广告费决定选单顺序；若该市场上全部产品投入的广告费也相同，则按上年该市场销售额的排名决定顺序。"在某一市场上整体广告费偏高，或者前一年销售额相对较高的情况下，可以适当优化部分产品的广告费用，从而实现整体最佳的效果。

8.1.3 参加订货会/登记订单

在选单环节之前，通常要先计算好自己的产能，甚至到每个季度可以生产多少产品，有多少产品是可以通过转产来实现灵活调整的。在对自己的产能情况了如指掌后，通过分析市场预测，大概确定出准备在某个市场上出售多少产品，同时决定相应的广告费。

在所有企业完成广告投放之后，可以用短暂的一两分钟时间快速地分析自己在各个市场上的选单次序。这时候需要对比分析原来设计的产品投放安排，根据各个市场的选单排名做出及时调整，以保证实现销售最大化。

订货会上有一个很让人纠结的问题：需求量大的订单往往单价比较低，接了这样的订单单位利润比较少，有些不甘心；单价高、利润大的订单，往往是销售量小的订单，接了这样的订单又担心不能把产品都卖完，造成库存积压。到底应该选单价高的产品还是销售量大的产品呢？面对这样两难的问题，只有根据具体情况灵活应对。

通常经营初期，在所有企业的产能都比较低的情况下，由于前期发展的需要，建议以尽可能多地销售产品为目标。在后期，由于市场和产品的多样化，以及部分企业的倒闭，有可能市场竞争反而放缓。在这样的情况下，很多时候只要投入 1M 元就有可能“捡到”一次选单机会。这时“卖完”已经不是企业最重要的任务，而更多地应该考虑怎么将产品“卖好”。特别是到了后期，强队之间的权益可能只相差几百万元，而企业每年最多都只能产出 40 个产品，这个时候如果可以合理地精选单价高的订单，很有可能造成几百万元甚至上千万元的毛利差距。

8.1.4 支付所得税

1. 关于所得税的详细计算方法

很多初学者对沙盘中所得税的计算不是很清楚，什么时候该交，什么时候不需要交，常常存在疑惑。

“所得税”在用友新道 ERP 沙盘中是一个综合概念，大概可以理解成模拟企业的经营盈利部分所要交的税费。所得税的计算公式为

应交所得税额=（当年税前利润−以前年度未弥补的亏损）×25%

如果计算出来这个数为非整数，则向下取整数额交税，也就是去掉小数点后面的数字。如果算出来的数值小于 1，则意味着当年可以不用交税，可以理解为政策优惠。如果当年亏损，即利润为负数，也不交所得税。

例如，某企业第 1 年税前利润为−2M，第 2 年税前利润为 6M，第 3 年税前利润为 7M 根据规则计算：

第 1 年应交税额为 0；
第 2 年应交税额为（6−2）×25%，取 1M；
第 3 年应交税额为 7×25%，取 1M。

2. 税务规划

了解清楚应交税费是如何计算之后，自然就会想到利用“应交税费向下取整”这一优惠

政策，进行合理减税。假设采用25%的税率政策，通过预算发现当年应税利润是4M的倍数时，可以在当年进行一次贴现操作，主动增加1M的贴息，从而使得应税利润减少1M，利用向下取整规则，可以在本年避税1M。这样的效果就相当于将1M的税费变成了1M的财务费用，对最终权益是不会有影响的，但是通过贴现把应收账款变成了现金，增加了资金的流动性，保证了年初广告费的充裕。

交税的时间也要注意。在沙盘里，税费是在年底计算出来的，但是税款不是在当年结束时支付的，因此年末报表里“应交税费”一项是在负债里面体现的。直到第2年年初投放广告费之后，应交税费才被支付。所以要注意，投入广告费时要留够支付税金的费用。

8.2 企业日常运营

8.2.1 更新短期贷款/还本付息/申请短期贷款

融资策略不仅直接关系到企业的财务费用多少，更重要的是直接影响着企业的资金流。很多初学者由于没有合理安排好长短期借款的融资策略，结果要么被高额的财务费吃掉了大部分的利润，要么因为还不起到期的贷款而导致现金断流、企业破产。

在分析融资策略前，必须明确几个基本概念。贷款的目的是赚钱，通俗地说就是利用借来的钱赚取比所要支付的利息更多的钱。那么这个时候只要允许，借得越多，就意味着赚得越多；相反，如果赚的钱还不够支付利息，那么借得越多，亏得越多。这就体现了财务杠杆的作用。因此，可以简单分析出：不贷款绝不是经营企业的最好策略。

那么怎么样的贷款融资策略才是合理的呢？一般来说，长期借款用来做长期投资，如新建厂房和生产线、市场产品的研发投资等；短期借款用来做短期周转，如采购原材料、加工产品等。这样自然是最稳妥的方法。但是，在高水平的沙盘模拟经营中，如果仅仅采用这样保守的方案，不一定获得最大的收益。

在规则中，由于长期贷款利率高，因此，尽量多地使用短期贷款的方式来筹集资金，可以有效地减少财务费用。在具体操作上有一个技巧，注意一下短期贷款，在第2年可以贷款时，可以每个季度分别选择短期贷款20M。这样做的好处就是，只要可以保证企业的权益不下降，那么次年在还掉年初第1季度到期的20M的短期贷款后，立即又可以申请20M的短期贷款，用来保证第2季度到期的20M短期贷款能还款。如此反复，类似一个滚雪球的过程，只要企业的所有者权益不下降，就可以保证贷款额度不减少，从而保证“以贷养贷”策略的顺利循环。

但这也是风险相当高的一种贷款模式，如果稍有不慎，出现经营失误，或者由于预算不准，导致权益下降，那么紧接着贷款额度的下降就会导致在还了贷款后无法用新的贷款来弥补资金链上的空缺，从而出现因现金断流而破产的局面。

如果前期大量使用长期贷款，也会导致财务费用过高，大量侵蚀企业的利润空间，从而使得企业发展缓慢。也有的企业一开始就选择大量长期贷款，结果到了第6年要还款的时候，无法一次性筹集大量的现金，导致现金断流而破产。

但这并不是说采取长期贷款的策略就一定会失败。如果可以充分利用长期贷款还款压力小的特点，前期用大量资金扩充产能、控制市场和产品，那么凭借前期的超大产能和对市场的绝对控制权，打造出较大的利润空间，加上利用“削峰平谷”的分期长期贷款方式（一部分在第 4 年还款，一部分在第 5 年还款），也可以达到让人意想不到的效果。

因此，企业的整体战略决策加上精确的财务预算，是决定长期贷款与短期贷款比例的最重要因素。只有合理调节长期贷款与短期贷款的比例，把每一分钱都投入到最需要的地方，让它变成盈利的工具，才会让借来的钱创造更多的利润。

8.2.2 原材料更新/入库/下原材料订单

1.“零库存”管理

原材料计算、采购计划排程，是 MRP 的核心内容之一，也是影响一个企业资金周转率的重要因素。以丰田汽车为代表的汽车制造企业“零库存”管理方法得到了很多人的推崇，创造了明显的效益。

为什么推崇“零库存”管理？因为资金是有时间成本的。简单地说，在 ERP 沙盘模拟企业经营中，通常会有贷款，这就意味着用来购买原材料的钱需要支付利息。但是，原材料库存本身是不会产生利润的。因此，原材料库存越多，就意味着需要更多的贷款，而增加的这部分贷款会增加财务费用的支出，同时降低资金周转率。因此，减少库存是企业节流的一项重要举措。

ERP 沙盘模拟企业经营中，产品的物料清单（BOM）是确定不变的，且原材料采购周期也是确定的。因此，可以通过明确的生产计划，准确计算出所需原材料的种类和数量，以及相应的采购时间。例如，P3 产品的原材料是 2 个 R2 和 1 个 R3，那么假设需要在第 4 季度提交 1 个 P3 产品，如果是全自动生产线，那么第 3 季度就必须上线开始生产了，这时候需要 R2 和 R3 原材料都到库。由于 R2 原材料需要提前 1 个季度采购，R3 原材料需要提前 2 个季度采购，因此需要在第 1 季度下 1 个 R3 原材料订单，在第 2 季度下 2 个 R2 原材料订单，这样才可以保证 P3 产品在第 3 季度需要上线生产时正好有充足的原材料，同时保证在第 4 季度 P3 产品生产完成入库，准时交货。

2.“百变库存”管理

实现“零库存”管理，表明企业管理者已经熟练地掌握了生产排程的技能。但是，“零库存”管理是基于将来产品产出不变的情况下所做的安排，而实际上在 ERP 沙盘模拟企业经营中，企业经常利用柔性生产线转产来调整一些已有的生产计划。这时追求绝对的“零库存”，就暴露出一个问题：不能根据市场选单情况及时灵活地调整生产安排。因此，在有柔性生产线的情况下，制订原材料采购计划应该多考虑几种可能性，选取各种采购方案中出现的原材料数额的最大值。

例如，现有一条柔性生产线，在第 3 年第 1 季度有可能需要上线生产 P2 产品，也有可能上线生产 P3 产品。P2 产品由 1 个 R1 和 1 个 R2 原材料构成，P3 产品由 2 个 R2 和 1 个 R3 原材料构成。在这种生产安排不确定的情况下，通过分析可以发现，要在第 3 年第 1 季度实现任意产品的转换，需要在第 1 季度保证 1 个 R1、3 个 R2 和 1 个 R3 这 3 种原材料都已按量入库，这样才能保证生产线可以根据市场接单情况任意选择 P2 或者 P3 产品开工生产。

因此，要想充分发挥柔性生产线的转产优势，必须做好充分的原材料预算，对市场可能出现的拿单情况进行多种组合分析。这里还有一个前提条件，就是必须在第 2 年的第 3 季度和第 4 季度计划原材料采购订单时就做好转产库存的准备，同时在第 3 年的第 1 季度和第 2 季度减少相应的原材料订单，从而将上一年多订的预备转产的原材料库存消化掉。

做好原材料的灵活采购计划，实现，“百变库存”管理，是保证后期机动调整产能、灵活选取订单的基础；同时需要兼顾到资金周转率，才能发挥出柔性生产线的最大价值。

8.2.3 购买/租用厂房

1. 租厂房与买厂房

ERP 沙盘模拟运营规则中规定厂房不考虑折旧，如果购买了厂房，只是将流动资产的现金变成了固定资产的厂房，资产总量上并没有变化，而且购买厂房，可以节约房产的租金。因此，如果是自有资金充裕的情况，购买厂房比租用厂房更划算。

另外，如果规则中长期贷款的利率是 10%，短期贷款的利率是 5%，大厂房的购买价格是 40M，租金 5M/年，小厂房的购买价格是 30M，租金 3M/年。假设用贷款去买厂房，用长期贷款购买大厂房所需支付的利息为 4M，购买小厂房所需支付的利息为 3M；用短期贷款购买大厂房所需支付的利息为 2M，小厂房 1.5M，且贷款利息是第 2 年支付的。那么很显然，无论用哪种方式贷款购买厂房都是不亏的。

在第 1 年初始条件下，不仅有初始资金，还有充足的贷款额度，因此，在第 1 年布局阶段通常不会出现资金紧张的局面。而第 1 年年末的权益会直接影响到第 2 年企业的贷款额度，所以第 1 年往往会减少费用支出，想尽办法控制权益下跌。根据上述分析不难看出，第 1 年开局即使利用银行贷款来买厂房，也会减少厂房租金的费用支出，对权益的保持是非常有帮助的。当然，如果希望第 1 年大规模投资生产线、购买厂房，可能导致企业现金紧张。

2. 大厂房与小厂房

根据 ERP 沙盘模拟运营规则，大厂房可以容纳 6 条生产线，小厂房可以容纳 4 条生产线。在开局阶段选择怎样的厂房开始生产，也是谋篇布局所要考虑的问题之一。

根据刚才的分析，第 1 年选择购买厂房的方式，可以减少权益的损失。那么即使第 2 年年初就出售，从第 2 年开始，小厂房每年租金比大厂房少 2M。以小厂房起步，为增加生产线，第 3 年租用大厂房，那么会导致第 3 年厂房总租金将达到 8M，比纯租大厂房多了 3M。因此不难得出，如果在战略规划上第 3 年年末计划建设 5～6 条生产线，那么开始就租大厂房 3 年下来只需要 10M 的租金（0M+5M+5M），而如果用小厂房的话，则需要 11M 的租金（0M+3M+8M）。

所以，选择大厂房起家还是小厂房起家，要根据初始资本、市场环境等因素先做合理的产能扩张计划，然后根据企业的整体长远战略规划来选择相应更具性价比的厂房使用策略。

3. 厂房出售与购买

规则提供了两种处理厂房的方式：一种是出售厂房，将厂房价值变成 4 个账期的应收账款，如果厂房内还有生产线，那么会扣除厂房租金；另一种是通过厂房贴现的方式，相当于直接将厂房出售后的4个账期应收账款贴现，同时扣除厂房租金。

从本质上来说，两种厂房处理方式都是一样的，但是，由于贴现的应收账款账期不同，贴息也是不同的。因此，如果可以预见到资金不够，需要厂房处理来变现，那么可以提前2个季度出售厂房（厂房买转租）。那么当需要现金的时候，原来4个账期的应收账款，就已经变为2个账期，贴息也由14.2%降低为12.5%，可以有效地节省厂房贴现费用。

8.2.4 新建/在建/转产/变卖生产线

1. 生产线的性价比——用数据说话

ERP 沙盘模拟实训的基本功就是计算，正确的决策背后一定是有一系列的数据做支撑的，要用数据说话。下面就生产线的性价比进行讨论，看看应该怎样安排生产线最划算。

在 ERP 沙盘模拟企业的运营规则中，手工生产线生产一个产品需要3个生产周期，半自动生产线需要2个生产周期，全自动生产线和柔性生产线仅需要1个生产周期。那么可以得出：3条手工生产线的产能等于1条全自动生产线的产能。而设备购买价格3条手工生产线需要15M，1条全自动生产线价格是16M，价格、折旧差别很小；可是在每年的维修费上，3条手工生产线需要3M的维修费，1条全自动生产线只需要1M的维修费；另外，手工生产线比全自动生产线多占用2条生产线的位置，厂房租金分摊下来又是全自动生产线的3倍。

同样的道理，2条半自动生产线的产能等于1条全自动生产线的产能，2条半自动生产线的购买费用需要16M，1条全自动生产线的购买费用也只需要16M；同时，2条半自动生产线的折旧费和 1 条全自动生产线的折旧费一样，但维修费每年都要比全自动生产线多出1M，此外还要多分摊1条生产线位置的租金。

那么，柔性生产线与全自动生产线的性价比呢？柔性生产线在购买价格上比全自动生产线贵了8M，如果可以用满4年，那么柔性生产线的残值比全自动生产线多了2M，相当于柔性生产线比全自动生产线贵6M。从 ERP 沙盘模拟实训规则中可知，柔性生产线的优势在于转产，假设全自动生产线转产一次，这个时候需要停产 2 个生产周期，同时每个生产周期还需要支付1M的转产费，2个周期共计支付2M的转产费。由于柔性生产线的安装周期和全自动生产线的安装周期一样，至此全自动生产线仍然比柔性线少支出2M。但是，如果全自动生产线开始第2次转产，又需要2个周期和4M的转产费，那么很显然，这时柔性生产线就可以比全自动生产线多生产出 2 个产品且节约 4M 的转产费，自然更具优势。

通过这样的比较很容易发现，如果从性价比的角度出发，全自动生产线是最具性价比的；如果同一条生产线需要转产2次或以上的话，柔性生产线是最划算的。另外，如果柔性生产线多，利用柔性生产线可以随意转产的特性，可以集中生产某一个产品，从而灵活调整交单的顺序和时间，最大限度地避免贴现。

同样道理，ERP 沙盘中还有很多细节，都可以通过计算分析，将未知变成已知，将不确定变成确定。这都需要具备“用数据说话”的理念。

2. 手工生产线的妙用

经过刚才的分析，是不是意味着手工生产线就没有任何用途了呢？其实不然，手工生产线隐藏着另外一个非常神秘的重要作用——救火突击队。在选单过程中，偶尔会遇到订单的产品数量比实际产能多 1～2 个的情况，而很有可能就因为这一两个产品，导致不得不放弃整张订单。

其实这个时候可以选择紧急采购一个产成品，来弥补这个产能空缺。还有另外一种方法，就是利用手工生产线即买即用的特点，在厂房生产线有空余的情况下，第 1 季度买 1 条手工生产线，那么通过第 3 季度的生产，可以在第 4 季度生产出 1 个产品用来交货，同时将空置的手工生产线立即出售。

利用突击增加手工生产线的方法，当年购买、当年出售，不需要交维修费，即仅造成 4M 的损失。但多生产出来的产品本身销售出去也有一定的毛利，即使不一定可以实现 4M 的毛利，也比直接紧急采购产成品要经济实惠得多。但注意，在使用这个方法前必须清楚原材料是否充足，如果另外还需要紧急采购原材料，那么就需要仔细算算到底如何处理更有利。

8.2.5 按订单交货

合理安排订单交货时间，配合现金预算需要，可以起到"削峰平谷"、减少财务费用的效果。通常来说，生产出几个产品就按订单交几个，尽量多交货。但是有的时候，还应该参考订单的应收账款账期来交货，使得回款峰谷与现金支出的谷峰正好匹配。

例如，已经获得了两张订单：其中一张订单 4 个 P1 产品，总额是 20M，账期为 3 个季度；另外一张订单为 3 个 P1 产品，总额为 15M，账期为 2 个季度。假设有 2 条自动生产线，第 2 季度正好生产出 4 个 P1 产品可以用于交货，而通过预算发现，第 4 季度的研发费和下一年的广告费不足，可能会导致资金断流。这个时候，假设交的是 4 个 P1 产品的订单，那么在第 4 季度时，销售货款还是 1 账期的应收账款，如果现金周转不灵，必须通过贴现的方式将应收账款变现，这样显然会增加财务费用。但是，如果第 2 季度不是生产多少交多少，而是充分考虑订单的应收账款账期因素，在预算到第 4 季度的财务压力后，先交 3 个 P1 产品的订单，那么在第 4 季度就可以将 15M 的应收账款收回，正好可以填补支付研发费、广告费等费用造成的现金低谷，从而避免贴现导致的财务费用。

因此，合理安排订单交货时间和次序，关注订单的应收账款账期，通过细致的预算和资金筹划，可以起到很好的"节流"效果。

8.2.6 产品研发投资

在实际操作中经常会发现，有的企业一上来还没考虑建生产线，就先投资研发产品，结果导致产品研发完成了，可是生产线还没建成，无法正常生产；也有的企业早早就建好了生产线，但是因为产品研发没完成，导致生产线白白停工，也无法投入正常生产。

产品研发是按季度投资进行的，生产线建设也是按季度投资进行的。那么，最理想的状态应该是产品研发完成时，生产线也刚好建成可以使用。

8.2.7 厂房贴现/应收账款贴现

关于贴现，很多人都认为它是增加财务费用的“罪魁祸首”，因此都抱着“能不贴就不贴”的态度，只有在资金周转不灵的时候，才会无可奈何地选择贴现。

但是，不贴现就是最好的策略吗？显然未必。与贷款相似，贴现只是一种融资方式。贴现可以分为两种情况：一种是企业在现金流遇到困难时，迫不得已将应收账款或者厂房做贴现处理，如果不贴现，就很可能会出现资金断流的后果，因此这样的贴现是被动的；而另外一种贴现行为是主动的，比如在市场宽松而资金不足的情况下，企业主动贴现以换取资金用于投入生产线建设和产品研发，从而达到迅速占领市场、扩大企业产能和市场份额的效果。这两种贴现的情况是完全不一样的，因此生产的效果往往也是完全不一样的。

在被动贴现的情况下，一直处于“以贴还债”的状态：这个季度的现金不够了，就将下一个季度的应收账款贴现；等这个季度过去了，下一个季度又出现财务危机而需要再次贴现。因此，如果在贴现之前没有认真比较几种贴现方式，很有可能陷入连环贴现的怪圈之中。

而主动贴现却不同，主动贴现的资金往往用于扩大企业的生产规模和市场份额，追求财务边际效益最大化，“把钱用在刀刃上”。结合之前分析贷款的情况时所说的，贴息和利息一样都属于财务费用。如果从资产回报率的角度来看，只要合理运用贴现得到的资金，将其转换成更好的盈利工具，创造比财务费用更高的利润，贴现就是有价值的。

8.3 季末/年末处理

8.3.1 季末现金对账

一个成熟的企业，都会在进行一年的经营之前先做好全年度的预算工作。但在具体执行时，偶尔也会出现比较低级的操作失误，如忘记在建工程继续投资、忘记下一批生产等。这些问题如果到年底才被发现，很可能就已经造成无可挽回的损失了。因此，每个季末的对账工作是对该季度计划执行的一次检验，可以帮助企业及时发现问题，尽早采取对策。

季末盘点现金的另一个重要作用是可以通过季末现金量的多少，大概分析出企业的资金周转率。很多新人在初期沙盘模拟经营时都喜欢在手上放很多现金，感觉这样很有“安全感”。事实上，现金是流动性最好但收益性最差的资产形式，再多的现金如果“埋在地下”，无论过多少年，仍然不会增加。另一方面，现金对于企业来说就像人的血液，万万不能缺少，现金链一旦断裂，就意味着企业将陷入破产的境地。因此，在保证现金流安全的前提下，尽可能降低季末结余现金、提高资金周转率，甚至在计算精准的前提下，使季末现金为零，这时候就表示已经把所有资源都用到了极限。

8.3.2 缴纳违约订单罚款

违约、交罚款，在一般情况下都是不好的事情。但是，在一些特殊情况下，结合一些特殊的战术策略，仍然可以盈利。只要某一订单产品的成本加上需要支付违约金的总额比该订单的销售总额低，那么即使违约，依然可以获取利润。

例如，在选单市场接了一张4个P3产品，总价32M的订单，如果违约，需要交纳总价的25%，也就是8M的违约金，再加上至少1M的广告费。也就是说，4个P3产品违约后的成本是25M（4×4M+8M+1M），如果在竞单市场可以用25M以上的价格拿到4个P3产品的订单，也就不亏。同时，竞单市场的账期和交货期还有很大的灵活性，可以让竞争对手猜不透企业的真正产能，从而达到压制对手的目的。

8.3.3 支付设备维修费、计提折旧

折旧是根据生产线使用的年限逐年计提的。当设备价值全部折旧完后，就不需要继续计提折旧，而生产线可以继续使用。因此，很多时候企业看到设备已经不用再计提折旧了，会舍不得卖掉。设备维修费是根据设备的数量来收取的，设备只要建成了，无论有没有进行生产，都需要维修费。维修费在年底收取，如果在年底结账之前就将设备卖掉了，就不需要支付维修费了。根据这样的规则，如果最终只看权益，而不考虑其他综合得分的情况，卖掉部分生产线可能起到意想不到的效果。

例如，第1年第2季度开始投资新建的全自动生产线，连续投资4个季度，在第2年第1季度完工建成，机器设备的固定资产为16M。那么根据固定资产建成当年不提折旧的规则，这条全自动生产线在第3年、第4年、第5年、第6年分别计提折旧5M、3M、2M、2M，那么到第6年年末，设备资产还剩净值4M。因此，如果第6年年末不出售生产线，这条全自动生产线的设备资产只剩4M价值。这时若在年底前将这条全自动生产线出售，其残值4M就成为现金，同时不需要支付当年的维修费，由此节约1M。

比较刚才两种处理生产线的方式，从总资产的角度来看，这两种处理方式貌似是一样的，但是，如果生产线没有出售，在年底就需要支付维修费。这样一来，出售生产线的方式比不出售生产线的方式可以少支付维修费，变相地节约了开支，提高了权益，得到了意外的“收获”。

值得注意的是，该方法只针对只剩余净残值或者当年折旧后剩余净残值的生产线。如果这条自动生产线是第3年建成的，那么到第6年年底还有6M的价值，如果出售，会导致2M的损失，那就划不来了。

此外，在淘汰旧的生产设备时，也可以从这个角度出发，考虑是否划算。例如，在继承老企业的规则中，初始盘面有3条手工生产线、1条半自动生产线。其中，P1产品的手工生产线剩下2M的设备净值。在第2年经营结束时，很多人会认为继续留着手工生产线，下一年设备就不需要折旧了，还可以继续使用，很划算。可是，如果仔细推敲一下，就会发现中间有值得探讨的内容。

手工生产线一年只能生产出1.3个P1产品，即使P1产品以3M/个的毛利来计算，一年下来1条手工生产线可以带来的毛利也只有约4M。另外，该手工生产线每年扣除1M的维修费，同时分摊广告费、厂房租金、管理费等其他一系列综合费用。这样算下来，如果一直用手工生产线生产，即使不需要折旧，也很难盈利，更何况它占用了生产线的位置，制约了企业的产能扩张。因此，企业不进行设备更新，单靠吃老本，总是难以为继的。

8.3.4 商业情报收集

“知彼知己，百战不殆。”自古兵家谋略都极其重视对竞争对手的情报收集。沙盘虽小，但想要在激烈的博弈中脱颖而出，除了做好自己企业的运营，还必须收集商业情报，时刻关注竞争对手。只有这样，才能针对竞争对手的弱点制定相应的策略，才能在竞赛中吸取他人的长处，最终取得竞争的胜利。

那对于商业情报应该了解些什么？简单地说，就是把他人的企业当成自己的企业一样关注，通过信息顾问和观盘时间，尽可能多地记录下对手的信息，如现金流、贷款额度、ISO 资质认证、市场开拓、产品研发、原材料库存、订单详情、生产线类型、产成品库存……然后再一组一组地分析、过滤竞争对手。

其中最重要的是分析、提炼出竞争对手在各种产品上的“产能”和“现金流”，这两个要素是在市场选单博弈中最关键的。通过竞争对手的生产线情况以及原材料采购情况，可以推测出对手的最大产能及可能进行的转产计划，甚至对每个季度可以交付几个什么产品都了如指掌。只有这样，在选单市场或竞单市场的博弈中，才能推断对手的拿单策略，并且针对其需求采取遏制或规避战术。同样，通过对现金流的密切监控，可以分析出竞争对手可能投入的广告费及拿单策略。这些信息都为企业进行市场决策提供了非常重要的依据。

另外，在每年的订货会上，除了做好自己企业的选单，还要密切注意主要竞争对手的选单情况，不仅要记录它们销售产品的数量，还要关注和详细记录交货和账期。尤其是在有竞单规则的比赛中，关注竞争对手的选单情况，就可以分析出它们在竞单市场的拿单能力，从而有针对性地制定竞单策略，以实现更丰厚的销售利润。

课后习题

1．根据经营结果，总结与反思在企业经营中应该注意的问题。
2．如果重新进行一次模拟经营，请写出你的经营计划。

补充资料

第 8 章　名词解释

附　录

附录 A　企业运营表

第 1 年各表格见表 A-1～表 A-7。

表 A-1　第 1 年企业运营表

任务清单　每项业务，若执行完毕，由 CEO 在相应的方格内画“√”，同时，如果有现金收支情况，由 CFO 在相应的方格内填写数字；若业务未发生或未执行，则画“×”。

季度	1	2	3	4
新年度规划会议				
参加订货会、登记销售订单				
制订新年度计划				
支付应交税费				
季初现金盘点（请填余额）				
更新短期贷款、还本付息、申请短期贷款（民间融资）				
更新应付账款、归还应付账款				
原材料入库、更新原材料订单				
下原材料订单				
更新生产、完工入库				
投资新生产线、变卖生产线、转让生产线				
向其他企业购买或出售原材料				
开始下一批生产				
更新应收账款、应收账款收现				
出售厂房				
向其他企业购买或出售产成品				
按订单交货				
产品研发投资				
支付行政管理费				
其他现金收支情况登记				
支付长期贷款利息、更新长期贷款、申请长期贷款				
支付设备维修费				
支付租金、购买厂房				
计提折旧				
新市场开拓、ISO 资格认证投资				
结账				
现金收入合计				
现金支出合计				
期末现金对账（请填余额）				

表 A-2 现金预算表（第 1 年）

季度	1	2	3	4
期初库存现金				
支付上年度应交税费				
市场广告投入				
贴现费用				
利息（短期贷款）				
支付到期短期贷款				
原材料采购支付现金				
转产费用				
生产线投资				
产品加工费				
产品研发投资				
收到现金前的所有支出				
应收账款到期				
支付管理费用				
利息（长期贷款）				
支付到期长期贷款				
设备维修费用				
租金				
购买厂房				
市场开拓投资				
ISO 认证投资				
其他				
库存现金余额				

要点记录

第 1 季度：

第 2 季度：

第 3 季度：

第 4 季度：

年底小结：

表 A-3 订单登记表（第 1 年）

订单号										合计
市场										
产品										
数量										
账期										
销售额										
成本										
毛利										
未售										

表 A-4 产品核算统计表（第 1 年）

产品	P1	P2	P3	P4	合计
数量					
销售额					
成本					
毛利					

表 A-5 综合费用明细表（第 1 年）

项目	金额	备注
管理费		
广告费		
保养费		
租 金		
转产费		
市场准入开拓		□区域 □国内 □亚洲 □国际
ISO 资格认证		□ISO 9000 □ISO 14000
产品研发		P2（ ） P3（ ） P4（ ）
其 他		
合 计		

表 A-6 利润表（第 1 年）

项目	上年	本年
销售收入		
直接成本		
毛利		
综合费用		
折旧前利润		
折旧		
支付利息前利润		
财务费用		
其他收入/支出		
税前利润		
所得税		
净利润		

表 A-7 资产负债表（第 1 年）

资产	期初	期末	负债和所有者权益	期初	期末
流动资产：			负债：		
现金			短期负债		
应收账款			应付账款		
在制品			应交税费		
产成品			长期负债		
原材料			一年内到期的长期负债		
流动资产合计			负债合计		
非流动资产：			所有者权益：		
厂房			股东资本		
机器和设备			利润留存		
在建工程			年度净利		
非流动资产合计			所有者权益合计		
资产总计			负债和所有者权益总计		

第 2 年各表格见表 A-8～表 A-14。

表 A-8 第 2 年企业运营表

任务清单 每项业务，若执行完毕，由 CEO 在相应的方格内画“√”，同时，如果有现金收支情况，由 CFO 在相应的方格内填写数字；若业务未发生或未执行，则画“×”。

季度	1	2	3	4
新年度规划会议				
参加订货会、登记销售订单				
制订新年度计划				
支付应交税费				
季初现金盘点（请填余额）				
更新短期贷款、还本付息、申请短期贷款（民间融资）				
更新应付账款、归还应付账款				
原材料入库、更新原料订单				
下原材料订单				
更新生产、完工入库				
投资新生产线、变卖生产线、转让生产线				
向其他企业购买或出售原材料				
开始下一批生产				
更新应收账款、应收账款收现				
出售厂房				
向其他企业或出售产成品				
按订单交货				
产品研发投资				
支付行政管理费				
其他现金收支情况登记				
支付长期贷款利息、更新长期贷款、申请长期贷款				
支付设备维修费				
支付租金、购买厂房				
计提折旧				
新市场开拓、ISO 资格认证投资				
结账				
现金收入合计				
现金支出合计				
期末现金对账（请填余额）				

表 A-9 现金预算表（第 2 年）

季度	1	2	3	4
期初库存现金				
支付上年度应交税费				
市场广告投入				
贴现费用				
利息（短期贷款）				
支付到期短期贷款				
原材料采购支付现金				
转产费用				
生产线投资				
产品加工费				
产品研发投资				
收到现金前的所有支出				
应收账款到期				
支付管理费用				
利息（长期贷款）				
支付到期长期贷款				
设备维修费用				
租金				
购买厂房				
市场开拓投资				
ISO 认证投资				
其他				
库存现金余额				

要点记录

第 1 季度：

第 2 季度：

第 3 季度：

第 4 季度：

年底小结：

表 A-10 订单登记表（第 2 年）

订单号											合计
市场											
产品											
数量											
账期											
销售额											
成本											
毛利											
未售											

表 A-11 产品核算统计表（第 2 年）

产品	P1	P2	P3	P4	合计
数量					
销售额					
成本					
毛利					

表 A-12 综合费用明细表（第 2 年）

项目	金额	备注
管理费		
广告费		
保养费		
租 金		
转产费		
市场准入开拓		□区域 □国内 □亚洲 □国际
ISO 资格认证		□ISO 9000 □ISO 14000
产品研发		P2（ ） P3（ ） P4（ ）
其 他		
合 计		

表 A-13　利润表（第 2 年）

项目	上年	本年
销售收入		
直接成本		
毛利		
综合费用		
折旧前利润		
折旧		
支付利息前利润		
财务费用		
其他收入/支出		
税前利润		
所得税		
净利润		

表 A-14　资产负债表（第 2 年）

资产	期初	期末	负债和所有者权益	期初	期末
流动资产：			负债：		
现金			短期负债		
应收账款			应付账款		
在制品			应交税费		
产成品			长期负债		
原材料			一年内到期的长期负债		
流动资产合计			负债合计		
非流动资产：			所有者权益：		
厂房			股东资本		
机器和设备			利润留存		
在建工程			年度净利		
非流动资产合计			所有者权益合计		
资产总计			负债和所有者权益总计		

第 3 年各表格见表 A-15～表 A-21。

表 A-15　第 3 年企业运营表

任务清单　每项业务，若执行完毕，由 CEO 在相应的方格内画“√”，同时，如果有现金收支情况，由 CFO 在相应的方格内填写数字；若业务未发生或未执行，则画“×”。

季度	1	2	3	4
新年度规划会议				
参加订货会、登记销售订单				
制订新年度计划				
支付应交税费				
季初现金盘点（请填余额）				
更新短期贷款、还本付息、申请短期贷款（民间融资）				
更新应付账款、归还应付账款				
原材料入库、更新原料订单				
下原材料订单				
更新生产、完工入库				
投资新生产线、变卖生产线、转让生产线				
向其他企业购买或出售原材料				
开始下一批生产				
更新应收账款、应收账款收现				
出售厂房				
向其他企业购买或出售产成品				
按订单交货				
产品研发投资				
支付行政管理费				
其他现金收支情况登记				
支付长期贷款利息、更新长期贷款、申请长期贷款				
支付设备维修费				
支付租金、购买厂房				
计提折旧				
新市场开拓、ISO 资格认证投资				
结账				
现金收入合计				
现金支出合计				
期末现金对账（请填余额）				

表 A-16　现金预算表（第 3 年）

季度	1	2	3	4
期初库存现金				
支付上年度应交税费				
市场广告投入				
贴现费用				
利息（短期贷款）				
支付到期短期贷款				
原材料采购支付现金				
转产费用				
生产线投资				
产品加工费				
产品研发投资				
收到现金前的所有支出				
应收账款到期				
支付管理费用				
利息（长期贷款）				
支付到期长期贷款				
设备维修费用				
租金				
购买厂房				
市场开拓投资				
ISO 认证投资				
其他				
库存现金余额				

要点记录

第 1 季度：

第 2 季度：

第 3 季度：

第 4 季度：

年底小结：

表 A-17 订单登记表（第 3 年）

订单号											合计
市场											
产品											
数量											
账期											
销售额											
成本											
毛利											
未售											

表 A-18 产品核算统计表（第 3 年）

产品	P1	P2	P3	P4	合计
数量					
销售额					
成本					
毛利					

表 A-19 综合费用明细表（第 3 年）

项目	金额	备注
管理费		
广告费		
保养费		
租 金		
转产费		
市场准入开拓		□区域 □国内 □亚洲 □国际
ISO 资格认证		□ISO 9000 □ISO 14000
产品研发		P2（ ） P3（ ） P4（ ）
其 他		
合 计		

表 A-20　利润表（第 3 年）

项目	上年	本年
销售收入		
直接成本		
毛利		
综合费用		
折旧前利润		
折旧		
支付利息前利润		
财务费用		
其他收入/支出		
税前利润		
所得税		
净利润		

表 A-21　资产负债表（第 3 年）

资产	期初	期末	负债和所有者权益	期初	期末
流动资产：			负债：		
现金			短期负债		
应收账款			应付账款		
在制品			应交税费		
产成品			长期负债		
原材料			一年内到期的长期负债		
流动资产合计			负债合计		
非流动资产：			所有者权益：		
厂房			股东资本		
机器和设备			利润留存		
在建工程			年度净利		
非流动资产合计			所有者权益合计		
资产总计			负债和所有者权益总计		

第 4 年各表格见表 A-22～表 A-28。

表 A-22 第 4 年企业运营表

任务清单 每项业务，若执行完毕，由 CEO 在相应的方格内画“√”，同时，如果有现金收支情况，由 CFO 在相应的方格内填写数字；若业务未发生或未执行，则画“×”。

季度	1	2	3	4
新年度规划会议				
参加订货会、登记销售订单				
制订新年度计划				
支付应交税费				
季初现金盘点（请填余额）				
更新短期贷款、还本付息、申请短期贷款（民间融资）				
更新应付账款、归还应付账款				
原材料入库、更新原料订单				
下原材料订单				
更新生产、完工入库				
投资新生产线、变卖生产线、转让生产线				
向其他企业购买或出售原材料				
开始下一批生产				
更新应收账款、应收账款收现				
出售厂房				
向其他企业购买或出售产成品				
按订单交货				
产品研发投资				
支付行政管理费				
其他现金收支情况登记				
支付长期贷款利息、更新长期贷款、申请长期贷款				
支付设备维修费				
支付租金、购买厂房				
计提折旧				
新市场开拓、ISO 资格认证投资				
结账				
现金收入合计				
现金支出合计				
期末现金对账（请填余额）				

表 A-23 现金预算表（第 4 年）

季度	1	2	3	4
期初库存现金				
支付上年度应交税费				
市场广告投入				
贴现费用				
利息（短期贷款）				
支付到期短期贷款				
原材料采购支付现金				
转产费用				
生产线投资				
产品加工费				
产品研发投资				
收到现金前的所有支出				
应收账款到期				
支付管理费用				
利息（长期贷款）				
支付到期长期贷款				
设备维修费用				
租金				
购买厂房				
市场开拓投资				
ISO 认证投资				
其他				
库存现金余额				

要点记录

第 1 季度：

第 2 季度：

第 3 季度：

第 4 季度：

年底小结：

表 A-24　订单登记表（第 4 年）

订单号											合计
市场											
产品											
数量											
账期											
销售额											
成本											
毛利											
未售											

表 A-25　产品核算统计表（第 4 年）

产品	P1	P2	P3	P4	合计
数量					
销售额					
成本					
毛利					

表 A-26　综合费用明细表（第 4 年）

项　目	金　额	备　　注
管理费		
广告费		
保养费		
租　金		
转产费		
市场准入开拓		□区域　□国内　□亚洲　□国际
ISO 资格认证		□ISO 9000　□ISO 14000
产品研发		P2（　）　P3（　）　P4（　）
其　他		
合　计		

表 A-27　利润表（第 4 年）

项目	上年	本年
销售收入		
直接成本		
毛利		
综合费用		
折旧前利润		
折旧		
支付利息前利润		
财务费用		
其他收入/支出		
税前利润		
所得税		
净利润		

表 A-28　资产负债表（第 4 年）

资产	期初	期末	负债和所有者权益	期初	期末
流动资产：			负债：		
现金			短期负债		
应收账款			应付账款		
在制品			应交税费		
产成品			长期负债		
原材料			一年内到期的长期负债		
流动资产合计			负债合计		
非流动资产：			所有者权益：		
厂房			股东资本		
机器和设备			利润留存		
在建工程			年度净利		
非流动资产合计			所有者权益合计		
资产总计			负债和所有者权益总计		

第 5 年各表格见表 A-29～表 A-35。

表 A-29　第 5 年企业运营表

任务清单　每项业务，若执行完毕，由 CEO 在相应的方格内画“√”，同时，如果有现金收支情况，由 CFO 在相应的方格内填写数字；若业务未发生或未执行，则画“×”。

季度	1	2	3	4
新年度规划会议				
参加订货会、登记销售订单				
制订新年度计划				
支付应交税费				
季初现金盘点（请填余额）				
更新短期贷款、还本付息、申请短期贷款（民间融资）				
更新应付账款、归还应付账款				
原材料入库、更新原材料订单				
下原材料订单				
更新生产、完工入库				
投资新生产线、变卖生产线、转让生产线				
向其他企业购买或出售原材料				
开始下一批生产				
更新应收账款、应收账款收现				
出售厂房				
向其他企业购买或出售产成品				
按订单交货				
产品研发投资				
支付行政管理费				
其他现金收支情况登记				
支付长期贷款利息、更新长期贷款、申请长期贷款				
支付设备维修费				
支付租金、购买厂房				
计提折旧				
新市场开拓、ISO 资格认证投资				
结账				
现金收入合计				
现金支出合计				
期末现金对账（请填余额）				

表 A-30　现金预算表（第 5 年）

季度	1	2	3	4
期初库存现金				
支付上年度应交税费				
市场广告投入				
贴现费用				
利息（短期贷款）				
支付到期短期贷款				
原材料采购支付现金				
转产费用				
生产线投资				
产品加工费				
产品研发投资				
收到现金前的所有支出				
应收账款到期				
支付管理费用				
利息（长期贷款）				
支付到期长期贷款				
设备维护费用				
租金				
购买厂房				
市场开拓投资				
ISO 认证投资				
其他				
库存现金余额				

要点记录

第 1 季度：

第 2 季度：

第 3 季度：

第 4 季度：

年底小结：

表 A-31　订单登记表（第 5 年）

订单号											合计
市场											
产品											
数量											
账期											
销售额											
成本											
毛利											
未售											

表 A-32　产品核算统计表（第 5 年）

产品	P1	P2	P3	P4	合计
数量					
销售额					
成本					
毛利					

表 A-33　综合费用明细表（第 5 年）

项目	金额	备注
管理费		
广告费		
保养费		
租　金		
转产费		
市场准入开拓		□区域　□国内　□亚洲　□国际
ISO 资格认证		□ISO 9000　□ISO 14000
产品研发		P2（　）　P3（　）　P4（　）
其　他		
合　计		

表 A-34 利润表（第 5 年）

项目	上年	本年
销售收入		
直接成本		
毛利		
综合费用		
折旧前利润		
折旧		
支付利息前利润		
财务费用		
其他收入/支出		
税前利润		
所得税		
净利润		

表 A-35 资产负债表（第 5 年）

资产	期初	期末	负债和所有者权益	期初	期末
流动资产：			负债：		
现金			短期负债		
应收账款			应付账款		
在制品			应交税费		
产成品			长期负债		
原材料			一年内到期的长期负债		
流动资产合计			负债合计		
非流动资产：			所有者权益：		
厂房			股东资本		
机器和设备			利润留存		
在建工程			年度净利		
非流动资产合计			所有者权益合计		
资产总计			负债和所有者权益总计		

第 6 年各表格见表 A-36～表 A-42。

表 A-36 第 6 年企业运营表

任务清单 每项业务，若执行完毕，由 CEO 在相应的方格内画“√”，同时，如果有现金收支情况，由 CFO 在相应的方格内填写数字；若业务未发生或未执行，则画“×”。

季度	1	2	3	4
新年度规划会议				
参加订货会、登记销售订单				
制订新年度计划				
支付应交税费				
季初现金盘点（请填余额）				
更新短期贷款、还本付息、申请短期贷款（民间融资）				
更新应付账款、归还应付账款				
原材料入库、更新原材料订单				
下原材料订单				
更新生产、完工入库				
投资新生产线、变卖生产线、转让生产线				
向其他企业购买或出售原材料				
开始下一批生产				
更新应收账款、应收账款收现				
出售厂房				
向其他企业购买或出售产成品				
按订单交货				
产品研发投资				
支付行政管理费				
其他现金收支情况登记				
支付长期贷款利息、更新长期贷款、申请长期贷款				
支付设备维修费				
支付租金、购买厂房				
计提折旧				
新市场开拓、ISO 资格认证投资				
结账				
现金收入合计				
现金支出合计				
期末现金对账（请填余额）				

表 A-37　现金预算表（第 6 年）

季度	1	2	3	4
期初库存现金				
支付上年度应交税费				
市场广告投入				
贴现费用				
利息（短期贷款）				
支付到期短期贷款				
原材料采购支付现金				
转产费用				
生产线投资				
产品加工费				
产品研发投资				
收到现金前的所有支出				
应收账款到期				
支付管理费用				
利息（长期贷款）				
支付到期长期贷款				
设备维修费用				
租金				
购买厂房				
市场开拓投资				
ISO 认证投资				
其他				
库存现金余额				

要点记录

第 1 季度：

第 2 季度：

第 3 季度：

第 4 季度：

年底小结：

表 A-38 订单登记表（第 6 年）

订单号											合计
市场											
产品											
数量											
账期											
销售额											
成本											
毛利											
未售											

表 A-39 产品核算统计表（第 6 年）

产品	P1	P2	P3	P4	合计
数量					
销售额					
成本					
毛利					

表 A-40 综合费用明细表（第 6 年）

项目	金额	备注
管理费		
广告费		
保养费		
租 金		
转产费		
市场准入开拓		□区域 □国内 □亚洲 □国际
ISO 资格认证		□ISO 9000 □ISO 14000
产品研发		P2（ ） P3（ ） P4（ ）
其 他		
合 计		

表 A-41　利润表（第 6 年）

项目	上年	本年
销售收入		
直接成本		
毛利		
综合费用		
折旧前利润		
折旧		
支付利息前利润		
财务费用		
其他收入/支出		
税前利润		
所得税		
净利润		

表 A-42　资产负债表（第 6 年）

资产	期初	期末	负债和所有者权益	期初	期末
流动资产：			负债：		
现金			短期负债		
应收账款			应付账款		
在制品			应交税费		
产成品			长期负债		
原材料			一年内到期的长期负债		
流动资产合计			负债合计		
非流动资产：			所有者权益：		
厂房			股东资本		
机器和设备			利润留存		
在建工程			年度净利		
非流动资产合计			所有者权益合计		
资产总计			负债和所有者权益总计		

第 7 年各表格见表 A-43～表 A-49。

表 A-43 第 7 年企业运营表

任务清单 每项业务，若执行完毕，由 CEO 在相应的方格内画“√”，同时，如果有现金收支情况，由 CFO 在相应的方格内填写数字；若业务未发生或未执行，则画“×”。

季度	1	2	3	4
新年度规划会议				
参加订货会、登记销售订单				
制订新年度计划				
支付应交税费				
季初现金盘点（请填余额）				
更新短期贷款、还本付息、申请短期贷款（民间融资）				
更新应付账款、归还应付账款				
原材料入库、更新原材料订单				
下原材料订单				
更新生产、完工入库				
投资新生产线、变卖生产线、转让生产线				
向其他企业购买或出售原材料				
开始下一批生产				
更新应收账款、应收账款收现				
出售厂房				
向其他企业购买或出售产成品				
按订单交货				
产品研发投资				
支付行政管理费				
其他现金收支情况登记				
支付长期贷款利息、更新长期贷款、申请长期贷款				
支付设备维修费				
支付租金、购买厂房				
计提折旧				
新市场开拓、ISO 资格认证投资				
结账				
现金收入合计				
现金支出合计				
期末现金对账（请填余额）				

表 A-44 现金预算表（第 7 年）

季度	1	2	3	4
期初库存现金				
支付上年度应交税费				
市场广告投入				
贴现费用				
利息（短期贷款）				
支付到期短期贷款				
原材料采购支付现金				
转产费用				
生产线投资				
产品加工费				
产品研发投资				
收到现金前的所有支出				
应收账款到期				
支付管理费用				
利息（长期贷款）				
支付到期长期贷款				
设备维修费用				
租金				
购买厂房				
市场开拓投资				
ISO 认证投资				
其他				
库存现金余额				

要点记录

第 1 季度：

第 2 季度：

第 3 季度：

第 4 季度：

年底小结：

表 A-45 订单登记表（第 7 年）

订单号											合计
市场											
产品											
数量											
账期											
销售额											
成本											
毛利											
未售											

表 A-46 产品核算统计表（第 7 年）

产品	P1	P2	P3	P4	合计
数量					
销售额					
成本					
毛利					

表 A-47 综合费用明细表（第 7 年）

项目	金额	备注
管理费		
广告费		
保养费		
租 金		
转产费		
市场准入开拓		□区域 □国内 □亚洲 □国际
ISO 资格认证		□ISO 9000 □ISO 14000
产品研发		P2（ ） P3（ ） P4（ ）
其 他		
合 计		

表 A-48　利润表（第 7 年）

项目	上年	本年
销售收入		
直接成本		
毛利		
综合费用		
折旧前利润		
折旧		
支付利息前利润		
财务费用		
其他收入/支出		
税前利润		
所得税		
净利润		

表 A-49　资产负债表（第 7 年）

资产	期初	期末	负债和所有者权益	期初	期末
流动资产：			负债：		
现金			短期负债		
应收账款			应付账款		
在制品			应交税费		
产成品			长期负债		
原材料			一年内到期的长期负债		
流动资产合计			负债合计		
非流动资产：			所有者权益：		
厂房			股东资本		
机器和设备			利润留存		
在建工程			年度净利		
非流动资产合计			所有者权益合计		
资产总计			负债和所有者权益总计		

第 8 年各表格见表 A-50～表 A-56。

表 A-50　第 8 年企业运营表

任务清单　每项业务，若执行完毕，由 CEO 在相应的方格内画“√”，同时，如果有现金收支情况，由 CFO 在相应的方格内填写数字；若业务未发生或未执行，则画“×”。

季度	1	2	3	4
新年度规划会议				
参加订货会、登记销售订单				
制订新年度计划				
支付应交税费				
季初现金盘点（请填余额）				
更新短期贷款、还本付息、申请短期贷款（民间融资）				
更新应付账款、归还应付账款				
原材料入库、更新原材料订单				
下原材料订单				
更新生产、完工入库				
投资新生产线、变卖生产线、转让生产线				
向其他企业购买或出售原材料				
开始下一批生产				
更新应收账款、应收账款收现				
出售厂房				
向其他企业购买或出售产成品				
按订单交货				
产品研发投资				
支付行政管理费				
其他现金收支情况登记				
支付长期贷款利息、更新长期贷款、申请长期贷款				
支付设备维修费				
支付租金、购买厂房				
计提折旧				
新市场开拓、ISO 资格认证投资				
结账				
现金收入合计				
现金支出合计				
期末现金对账（请填余额）				

表 A-51 现金预算表（第 8 年）

季度	1	2	3	4
期初库存现金				
支付上年度应交税费				
市场广告投入				
贴现费用				
利息（短期贷款）				
支付到期短期贷款				
原材料采购支付现金				
转产费用				
生产线投资				
产品加工费				
产品研发投资				
收到现金前的所有支出				
应收账款到期				
支付管理费用				
利息（长期贷款）				
支付到期长期贷款				
设备维修费用				
租金				
购买厂房				
市场开拓投资				
ISO 认证投资				
其他				
库存现金余额				

要点记录

第 1 季度：

第 2 季度：

第 3 季度：

第 4 季度：

年底小结：

表 A-52 订单登记表（第 8 年）

订单号											合计
市场											
产品											
数量											
账期											
销售额											
成本											
毛利											
未售											

表 A-53 产品核算统计表（第 8 年）

产品	P1	P2	P3	P4	合计
数量					
销售额					
成本					
毛利					

表 A-54 综合费用明细表（第 8 年）

项目	金额	备注
管理费		
广告费		
保养费		
租 金		
转产费		
市场准入开拓		□区域 □国内 □亚洲 □国际
ISO 资格认证		□ISO 9000 □ISO 14000
产品研发		P2（ ） P3（ ） P4（ ）
其 他		
合 计		

表 A-55　利润表（第 8 年）

项目	上年	本年
销售收入		
直接成本		
毛利		
综合费用		
折旧前利润		
折旧		
支付利息前利润		
财务费用		
其他收入/支出		
税前利润		
所得税		
净利润		

表 A-56　资产负债表（第 8 年）

资产	期初	期末	负债和所有者权益	期初	期末
流动资产：			负债：		
现金			短期负债		
应收账款			应付账款		
在制品			应交税费		
产成品			长期负债		
原材料			一年内到期的长期负债		
流动资产合计			负债合计		
非流动资产：			所有者权益：		
厂房			股东资本		
机器和设备			利润留存		
在建工程			年度净利		
非流动资产合计			所有者权益合计		
资产总计			负债和所有者权益总计		

附录 B 市场需求预测及学生用各项表单

B.1 市场需求预测趋势图

图 B-1～图 B-5 是由一家权威的市场调研机构对未来 6 年里各个市场需求的预测，这一预测有着很高的可信度。但是，市场依然会有变化，根据这一预测进行企业的经营运作，其后果将由各企业自行承担。

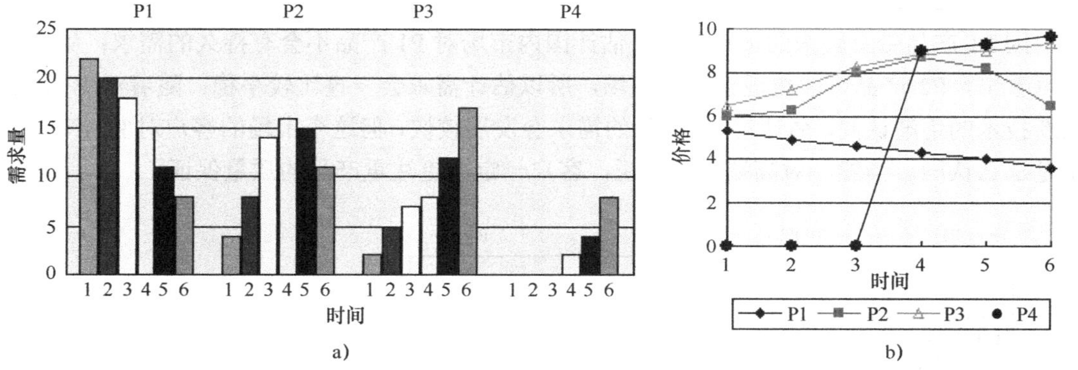

图 B-1 本地市场 P 系列产品市场预测

a）需求量预测 b）价格预测

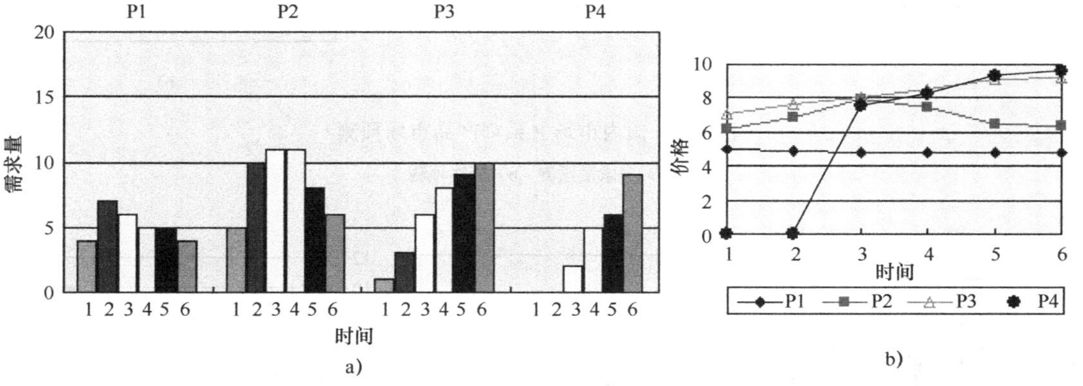

图 B-2 区域市场 P 系列产品市场预测

a）需求量预测 b）价格预测

其中，P1 产品是目前市场上的主流产品，P2 产品作为对 P1 产品的技术改良产品，也比较容易获得大众的认同；P3 和 P4 产品作为 P 系列产品里的高端技术产品，各个市场的认同度不尽相同，需求量与价格也会有较大的差异。

从图 B-1 可以看出，本地市场将持续发展，但是客户对低端产品的需求可能会下滑。伴随着需求量的减少，低端产品的价格很有可能逐步走低。未来几年，随着高端产品的成熟，市场对 P3、P4 产品的需求量将逐渐增大。同时，随着时间的推移，客户的质量意识将不断提高，未来几年可能会对厂商是否通过了 ISO 9000 认证和 ISO 14000 认证有更多的要求。

从图 B-2 可以看出，区域市场的客户对 P 系列产品的喜好相对稳定，因此市场需求量的波动也很可能会比较平稳；又因其紧邻本地市场，所以产品需求量的走势可能与本地市场相似，价格趋势也应大致一样；该市场的客户比较乐于接受新的事物，因此对高端产品也会比较有兴趣。但是，由于受到地域的限制，该市场的总需求量非常有限；并且，这个市场的客户相对比较挑剔，因此在后几年会对厂商是否通过了 ISO 9000 认证和 ISO 14000 认证有较高的要求。

因 P1 产品带有较浓的地域色彩，估计国内市场对 P1 产品不会有持久的需求；从图 B-3 可以看出，P2 产品可能更适合国内市场，所以估计需求会一直比较平稳；随着对 P 系列产品新技术的逐渐认同，估计对 P3 产品的需求会发展较快，但这个市场的客户对 P4 产品却并不是那么认同。当然，对高端产品来说，客户一定会更注重产品的质量保证。

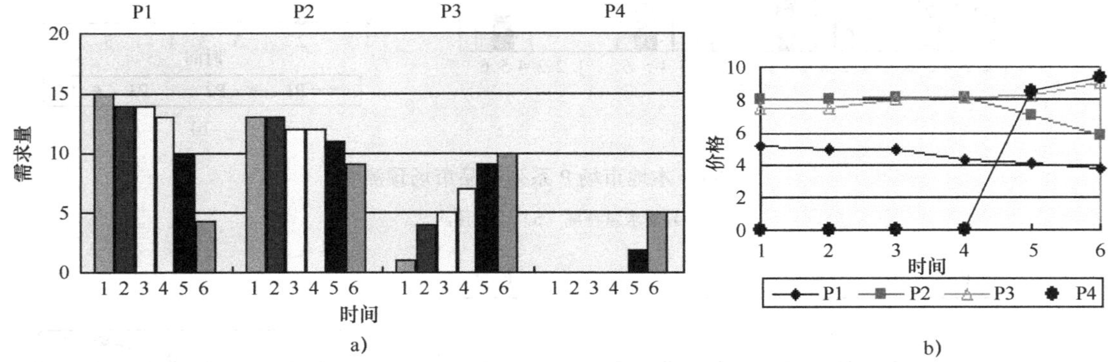

图 B-3　国内市场 P 系列产品市场预测

a）需求量预测　b）价格预测

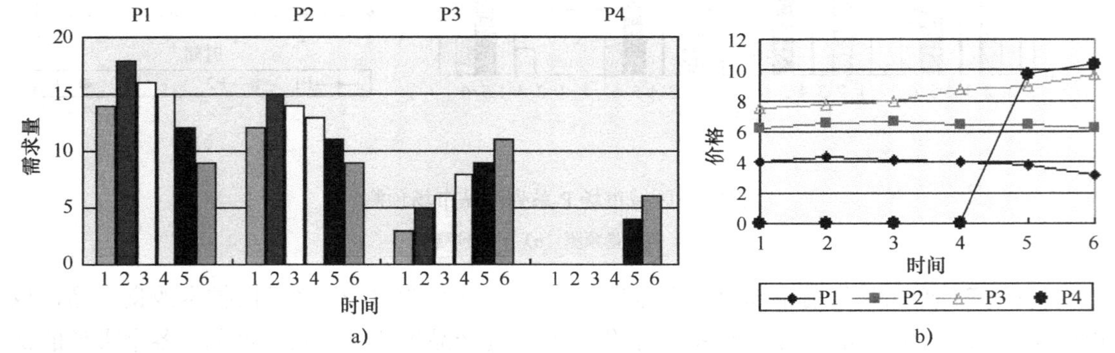

图 B-4　亚洲市场 P 系列产品市场预测

a）需求量预测　b）价格预测

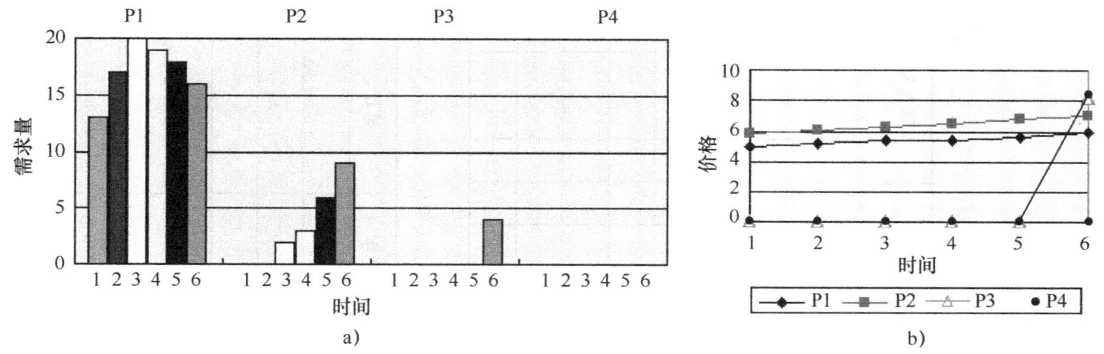

图 B-5 国际市场 P 系列产品市场预测

a）需求量预测 b）价格预测

从图 B-4 可以看出，亚洲市场的客户喜好波动较大，不易把握，所以对 P1 产品的需求可能起伏较大，预计 P2 产品的需求走势也会与 P1 相似；但该市场对新产品很敏感，因此估计对 P3、P4 产品的需求会发展较快，价格也可能不菲。另外，这个市场的消费者很看重产品的质量，所以在后几年里，如果厂商没有通过 ISO 9000 认证和 ISO 14000 认证，其产品可能很难销售。

进入国际市场可能需要较长的时期。从图 B-5 的分析来看，目前国际市场的客户对 P1 产品已经有所认同，需求也会比较旺盛；对于 P2 产品，客户将会谨慎地对待，但仍需要一段时间才能被市场所接受；对于新兴技术，这一市场的客户将会以观望为主，因此对于 P3 和 P4 产品的需求将会发展极慢。因为需求主要集中在低端产品，所以客户对 ISO 的要求并不如其他几个市场那么高，但也不排除在后期会有这方面的需求。

B.2 产品（原材料）交易订单

表 B-1 产品（原材料）交易订单

购买单位			购买时间		年		季	
销售单位			完工时间		年		季	
	原材料				产成品			
类型	R1	R2	R3	R4	P1	P2	P3	P4
成交数量								
成交金额								
付款方式								
购买方代表								
销售方代表								
审核员代表								

注：1. 完工时间必须早于购买时间，否则为无效交易。

2. 本协议可以事先签订，但必须交双方监督员审核签字后生效。

3. 无效交易按交易额扣除双方利润。

B.3 贷款申请表

表B-2 企业短期贷款/民间融资申请表

（单位：百万元）

类型		第1年				第2年				第3年				第4年				第5年				第6年				第7年				第8年			
		1	2	3	4	1	2	3	4	1	2	3	4	1	2	3	4	1	2	3	4	1	2	3	4	1	2	3	4	1	2	3	4
短期贷款	借																																
	还																																
民间融资	借																																
	还																																
上一年度所有者权益																																	
已有贷款金额																																	
尚可贷款余额																																	
监督员签字																																	

表B-3 企业长期贷款申请表

（单位：百万元）

时间		第1年	第2年	第3年	第4年	第5年	第6年	第7年	第8年
长期贷款	借								
	还								
上一年度所有者权益									
已有贷款金额									
尚可贷款余额									
监督员签字									

B.4　采购订单登记表

表 B-4　企业采购订单登记表

第 1 年	第 1 季度				第 2 季度				第 3 季度				第 4 季度			
原材料	R1	R2	R3	R4	R1	R2	R3	R4	R1	R2	R3	R4	R1	R2	R3	R4
订购数量																
采购入库																
第 2 年	第 1 季度				第 2 季度				第 3 季度				第 4 季度			
原材料	R1	R2	R3	R4	R1	R2	R3	R4	R1	R2	R3	R4	R1	R2	R3	R4
订购数量																
采购入库																
第 3 年	第 1 季度				第 2 季度				第 3 季度				第 4 季度			
原材料	R1	R2	R3	R4	R1	R2	R3	R4	R1	R2	R3	R4	R1	R2	R3	R4
订购数量																
采购入库																
第 4 年	第 1 季度				第 2 季度				第 3 季度				第 4 季度			
原材料	R1	R2	R3	R4	R1	R2	R3	R4	R1	R2	R3	R4	R1	R2	R3	R4
订购数量																
采购入库																
第 5 年	第 1 季度				第 2 季度				第 3 季度				第 4 季度			
原材料	R1	R2	R3	R4	R1	R2	R3	R4	R1	R2	R3	R4	R1	R2	R3	R4
订购数量																
采购入库																
第 6 年	第 1 季度				第 2 季度				第 3 季度				第 4 季度			
原材料	R1	R2	R3	R4	R1	R2	R3	R4	R1	R2	R3	R4	R1	R2	R3	R4
订购数量																
采购入库																
第 7 年	第 1 季度				第 2 季度				第 3 季度				第 4 季度			
原材料	R1	R2	R3	R4	R1	R2	R3	R4	R1	R2	R3	R4	R1	R2	R3	R4
订购数量																
采购入库																
第 8 年	第 1 季度				第 2 季度				第 3 季度				第 4 季度			
原材料	R1	R2	R3	R4	R1	R2	R3	R4	R1	R2	R3	R4	R1	R2	R3	R4
订购数量																
采购入库																

B.5 应收账款登记表

表 B-5 企业应收账款登记表

第 1 年	第 1 季度	第 2 季度	第 3 季度	第 4 季度
应收账款金额				
应收账款账期				
收到现金金额				
第 2 年	第 1 季度	第 2 季度	第 3 季度	第 4 季度
应收账款金额				
应收账款账期				
收到现金金额				
第 3 年	第 1 季度	第 2 季度	第 3 季度	第 4 季度
应收账款金额				
应收账款账期				
收到现金金额				
第 4 年	第 1 季度	第 2 季度	第 3 季度	第 4 季度
应收账款金额				
应收账款账期				
收到现金金额				
第 5 年	第 1 季度	第 2 季度	第 3 季度	第 4 季度
应收账款金额				
应收账款账期				
收到现金金额				
第 6 年	第 1 季度	第 2 季度	第 3 季度	第 4 季度
应收账款金额				
应收账款账期				
收到现金金额				
第 7 年	第 1 季度	第 2 季度	第 3 季度	第 4 季度
应收账款金额				
应收账款账期				
收到现金金额				
第 8 年	第 1 季度	第 2 季度	第 3 季度	第 4 季度
应收账款金额				
应收账款账期				
收到现金金额				

B.6 市场开发投资、产品研发投资及 ISO 认证投资登记表

表 B-6 企业市场开发投资登记表

时间	区域市场	国内市场	亚洲市场	国际市场	完成	监督员签字
第 1 年						
第 2 年						
第 3 年						
第 4 年						
第 5 年						
第 6 年						
第 7 年						
第 8 年						
总计						

表 B-7 企业产品研发投资登记表

时间	P2	P3	P4	完成	监督员签字
第 1 年					
第 2 年					
第 3 年					
第 4 年					
第 5 年					
第 6 年					
第 7 年					
第 8 年					
总计					

表 B-8 企业 ISO 认证投资登记表

时间	第 1 年	第 2 年	第 3 年	第 4 年	第 5 年	第 6 年	第 7 年	第 8 年
ISO 9000								
ISO 14000								
总计								
监督员签字								

B.7 生产状况记录表

表 B-9 企业生产状况记录表

生产线数量（条）	生产线类型	第（ ）年								总计	
		第 1 季度		第 2 季度		第 3 季度		第 4 季度			
		产品类型	产品数量（个）	产品类型	产品数量（个）	产品类型	产品数量（个）	产品类型	产品数量（个）	产品类型	产品数量（个）
1											
2											
3											
4											
5											
6											
7											
8											
9											
10											
总计											

B.8 企业广告投放记录表

表 B-10 企业广告投放记录表

广告投资		本地	区域	国内	亚洲	国际	广告投资		本地	区域	国内	亚洲	国际
第 1 年	P1						第 5 年	P1					
	P2							P2					
	P3							P3					
	P4							P4					
ISO 9000							ISO 9000						
ISO 14000							ISO 14000						
广告投资		本地	区域	国内	亚洲	国际	广告投资		本地	区域	国内	亚洲	国际
第 2 年	P1						第 6 年	P1					
	P2							P2					
	P3							P3					
	P4							P4					
ISO 9000							ISO 9000						
ISO 14000							ISO 14000						
广告投资		本地	区域	国内	亚洲	国际	广告投资		本地	区域	国内	亚洲	国际
第 3 年	P1						第 7 年	P1					
	P2							P2					
	P3							P3					
	P4							P4					
ISO 9000							ISO 9000						
ISO 14000							ISO 14000						
广告投资		本地	区域	国内	亚洲	国际	广告投资		本地	区域	国内	亚洲	国际
第 4 年	P1						第 8 年	P1					
	P2							P2					
	P3							P3					
	P4							P4					
ISO 9000							ISO 9000						
ISO 14000							ISO 14000						

附录 C　教师用各项监控表单

C.1　各企业竞单表

表 C-1　第 1 年企业竞单表

企业	本地市场					
	P1	P2	P3	P4	ISO 9000	ISO 14000
A						
B						
C						
D						
E						
F						

表 C-2　第 2 年企业竞单表

企业	本地市场						区域市场					
	P1	P2	P3	P4	ISO 9000	ISO 14000	P1	P2	P3	P4	ISO 9000	ISO 14000
A												
B												
C												
D												
E												
F												

表 C-3　第 3 年企业竞单表

企业	本地市场						区域市场						国内市场					
	P1	P2	P3	P4	ISO 9000	ISO 14000	P1	P2	P3	P4	ISO 9000	ISO 14000	P1	P2	P3	P4	ISO 9000	ISO 14000
A																		
B																		
C																		
D																		
E																		
F																		

表 C-4　第 4 年企业竞单表

企业	本地市场						区域市场					
	P1	P2	P3	P4	ISO 9000	ISO 14000	P1	P2	P3	P4	ISO 9000	ISO 14000
A												
B												
C												
D												
E												
F												

企业	国内市场						亚洲市场					
	P1	P2	P3	P4	ISO 9000	ISO 14000	P1	P2	P3	P4	ISO 9000	ISO 14000
A												
B												
C												
D												
E												
F												

表 C-5　第 5 年企业竞单表

企业	本地市场						区域市场						国内市场					
	P1	P2	P3	P4	ISO 9000	ISO 14000	P1	P2	P3	P4	ISO 9000	ISO 14000	P1	P2	P3	P4	ISO 9000	ISO 14000
A																		
B																		
C																		
D																		
E																		
F																		

企业	亚洲市场						国际市场					
	P1	P2	P3	P4	ISO 9000	ISO 14000	P1	P2	P3	P4	ISO 9000	ISO 14000
A												
B												
C												
D												
E												
F												

表 C-6　第 6 年企业竞单表

企业	本地市场						区域市场						国内市场					
	P1	P2	P3	P4	ISO 9000	ISO 14000	P1	P2	P3	P4	ISO 9000	ISO 14000	P1	P2	P3	P4	ISO 9000	ISO 14000
A																		
B																		
C																		
D																		
E																		
F																		

企业	亚洲市场						国际市场					
	P1	P2	P3	P4	ISO 9000	ISO 14000	P1	P2	P3	P4	ISO 9000	ISO 14000
A												
B												
C												
D												
E												
F												

表 C-7　第 7 年企业竞单表

企业	本地市场						区域市场						国内市场					
	P1	P2	P3	P4	ISO 9000	ISO 14000	P1	P2	P3	P4	ISO 9000	ISO 14000	P1	P2	P3	P4	ISO 9000	ISO 14000
A																		
B																		
C																		
D																		
E																		
F																		

企业	亚洲市场						国际市场					
	P1	P2	P3	P4	ISO 9000	ISO 14000	P1	P2	P3	P4	ISO 9000	ISO 14000
A												
B												
C												
D												
E												
F												

表 C-8 第 8 年企业竞单表

企业	本地市场						区域市场						国内市场					
	P1	P2	P3	P4	ISO 9000	ISO 14000	P1	P2	P3	P4	ISO 9000	ISO 14000	P1	P2	P3	P4	ISO 9000	ISO 14000
A																		
B																		
C																		
D																		
E																		
F																		

企业	亚洲市场						国际市场					
	P1	P2	P3	P4	ISO 9000	ISO 14000	P1	P2	P3	P4	ISO 9000	ISO 14000
A												
B												
C												
D												
E												
F												

C.2 各企业销售额统计表

表 C-9 各企业销售额统计表

时间	企业	本地市场			区域市场			国内市场			亚洲市场			国际市场		
		广告费	销售总额	排名	广告费	销售总额	排名	广告费	销售总额	排名	广告费	销售总额	排名	广告费	销售总额	排名
第1年	A															
	B															
	C															
	D															
	E															
	F															

时间	企业	本地市场			区域市场			国内市场			亚洲市场			国际市场		
		广告费	销售总额	排名	广告费	销售总额	排名	广告费	销售总额	排名	广告费	销售总额	排名	广告费	销售总额	排名
第2年	A															
	B															
	C															
	D															
	E															
	F															

（续）

时间	企业	本地市场			区域市场			国内市场			亚洲市场			国际市场		
		广告费	销售总额	排名	广告费	销售总额	排名	广告费	销售总额	排名	广告费	销售总额	排名	广告费	销售总额	排名
第3年	A															
	B															
	C															
	D															
	E															
	F															

时间	企业	本地市场			区域市场			国内市场			亚洲市场			国际市场		
		广告费	销售总额	排名	广告费	销售总额	排名	广告费	销售总额	排名	广告费	销售总额	排名	广告费	销售总额	排名
第4年	A															
	B															
	C															
	D															
	E															
	F															

时间	企业	本地市场			区域市场			国内市场			亚洲市场			国际市场		
		广告费	销售总额	排名	广告费	销售总额	排名	广告费	销售总额	排名	广告费	销售总额	排名	广告费	销售总额	排名
第5年	A															
	B															
	C															
	D															
	E															
	F															

时间	企业	本地市场			区域市场			国内市场			亚洲市场			国际市场		
		广告费	销售总额	排名	广告费	销售总额	排名	广告费	销售总额	排名	广告费	销售总额	排名	广告费	销售总额	排名
第6年	A															
	B															
	C															
	D															
	E															
	F															

时间	企业	本地市场			区域市场			国内市场			亚洲市场			国际市场		
		广告费	销售总额	排名	广告费	销售总额	排名	广告费	销售总额	排名	广告费	销售总额	排名	广告费	销售总额	排名
第7年	A															
	B															
	C															
	D															
	E															
	F															

（续）

时间	企业	本地市场			区域市场			国内市场			亚洲市场			国际市场		
		广告费	销售总额	排名	广告费	销售总额	排名	广告费	销售总额	排名	广告费	销售总额	排名	广告费	销售总额	排名
第8年	A															
	B															
	C															
	D															
	E															
	F															

C.3 各企业生产线购置、变卖统计表

表 C-10 企业生产线购置、变卖统计表（A 企业）

企业	生产线		第 1 年				第 2 年				第 3 年				第 4 年			
			第 1 季度	第 2 季度	第 3 季度	第 4 季度	第 1 季度	第 2 季度	第 3 季度	第 4 季度	第 1 季度	第 2 季度	第 3 季度	第 4 季度	第 1 季度	第 2 季度	第 3 季度	第 4 季度
A	手工生产线	买																
		卖																
	半自动生产线	买																
		卖																
	全自动生产线	买																
		卖																
	柔性生产线	买																
		卖																
	生产线		第 5 年				第 6 年				第 7 年				第 8 年			
			第 1 季度	第 2 季度	第 3 季度	第 4 季度	第 1 季度	第 2 季度	第 3 季度	第 4 季度	第 1 季度	第 2 季度	第 3 季度	第 4 季度	第 1 季度	第 2 季度	第 3 季度	第 4 季度
	手工生产线	买																
		卖																
	半自动生产线	买																
		卖																
	全自动生产线	买																
		卖																
	柔性生产线	买																
		卖																

表 C-11　企业生产线购置、变卖统计表（B 企业）

企业	生产线		第1年				第2年				第3年				第4年			
			第1季度	第2季度	第3季度	第4季度	第1季度	第2季度	第3季度	第4季度	第1季度	第2季度	第3季度	第4季度	第1季度	第2季度	第3季度	第4季度
B	手工生产线	买																
		卖																
	半自动生产线	买																
		卖																
	全自动生产线	买																
		卖																
	柔性生产线	买																
		卖																
	生产线		第5年				第6年				第7年				第8年			
			第1季度	第2季度	第3季度	第4季度	第1季度	第2季度	第3季度	第4季度	第1季度	第2季度	第3季度	第4季度	第1季度	第2季度	第3季度	第4季度
	手工生产线	买																
		卖																
	半自动生产线	买																
		卖																
	全自动生产线	买																
		卖																
	柔性生产线	买																
		卖																

表 C-12　企业生产线购置、变卖统计表（C 企业）

企业	生产线		第1年				第2年				第3年				第4年			
			第1季度	第2季度	第3季度	第4季度	第1季度	第2季度	第3季度	第4季度	第1季度	第2季度	第3季度	第4季度	第1季度	第2季度	第3季度	第4季度
C	手工生产线	买																
		卖																
	半自动生产线	买																
		卖																
	全自动生产线	买																
		卖																
	柔性生产线	买																
		卖																
	生产线		第5年				第6年				第7年				第8年			
			第1季度	第2季度	第3季度	第4季度	第1季度	第2季度	第3季度	第4季度	第1季度	第2季度	第3季度	第4季度	第1季度	第2季度	第3季度	第4季度
	手工生产线	买																
		卖																
	半自动生产线	买																
		卖																
	全自动生产线	买																
		卖																
	柔性生产线	买																
		卖																

表 C-13　企业生产线购置、变卖统计表（D 企业）

企业	生产线		第1年				第2年				第3年				第4年			
			第1季度	第2季度	第3季度	第4季度	第1季度	第2季度	第3季度	第4季度	第1季度	第2季度	第3季度	第4季度	第1季度	第2季度	第3季度	第4季度
	手工生产线	买																
		卖																
	半自动生产线	买																
		卖																
	全自动生产线	买																
		卖																
	柔性生产线	买																
		卖																
D	生产线		第5年				第6年				第7年				第8年			
			第1季度	第2季度	第3季度	第4季度	第1季度	第2季度	第3季度	第4季度	第1季度	第2季度	第3季度	第4季度	第1季度	第2季度	第3季度	第4季度
	手工生产线	买																
		卖																
	半自动生产线	买																
		卖																
	全自动生产线	买																
		卖																
	柔性生产线	买																
		卖																

表 C-14　企业生产线购置、变卖统计表（E 企业）

企业	生产线		第1年				第2年				第3年				第4年			
			第1季度	第2季度	第3季度	第4季度	第1季度	第2季度	第3季度	第4季度	第1季度	第2季度	第3季度	第4季度	第1季度	第2季度	第3季度	第4季度
	手工生产线	买																
		卖																
	半自动生产线	买																
		卖																
	全自动生产线	买																
		卖																
	柔性生产线	买																
		卖																
E	生产线		第5年				第6年				第7年				第8年			
			第1季度	第2季度	第3季度	第4季度	第1季度	第2季度	第3季度	第4季度	第1季度	第2季度	第3季度	第4季度	第1季度	第2季度	第3季度	第4季度
	手工生产线	买																
		卖																
	半自动生产线	买																
		卖																
	全自动生产线	买																
		卖																
	柔性生产线	买																
		卖																

表 C-15 企业生产线购置、变卖统计表（F 企业）

企业	生产线		第 1 年				第 2 年				第 3 年				第 4 年			
			第 1 季度	第 2 季度	第 3 季度	第 4 季度	第 1 季度	第 2 季度	第 3 季度	第 4 季度	第 1 季度	第 2 季度	第 3 季度	第 4 季度	第 1 季度	第 2 季度	第 3 季度	第 4 季度
	手工生产线	买																
		卖																
	半自动生产线	买																
		卖																
	全自动生产线	买																
		卖																
	柔性生产线	买																
		卖																
F	生产线		第 5 年				第 6 年				第 7 年				第 8 年			
			第 1 季度	第 2 季度	第 3 季度	第 4 季度	第 1 季度	第 2 季度	第 3 季度	第 4 季度	第 1 季度	第 2 季度	第 3 季度	第 4 季度	第 1 季度	第 2 季度	第 3 季度	第 4 季度
	手工生产线	买																
		卖																
	半自动生产线	买																
		卖																
	全自动生产线	买																
		卖																
	柔性生产线	买																
		卖																

C.4 各企业产品研发、市场开发记录表

表 C-16 各企业产品研发记录表

企业	P2 产品研发记录（5M/5Q）									P3 产品研发记录（10M/5Q）									P4 产品研发记录（15M/5Q）								
	第 1 年	第 2 年	第 3 年	第 4 年	第 5 年	第 6 年	第 7 年	第 8 年	完成	第 1 年	第 2 年	第 3 年	第 4 年	第 5 年	第 6 年	第 7 年	第 8 年	完成	第 1 年	第 2 年	第 3 年	第 4 年	第 5 年	第 6 年	第 7 年	第 8 年	完成
A																											
B																											
C																											
D																											
E																											
F																											

表 C-17　各企业市场开发记录表（一）

企业	区域市场开发记录（1M/1 年）									国内市场开发记录（2M/2 年）									亚洲市场开发记录（3M/3 年）								
	第1年	第2年	第3年	第4年	第5年	第6年	第7年	第8年	完成	第1年	第2年	第3年	第4年	第5年	第6年	第7年	第8年	完成	第1年	第2年	第3年	第4年	第5年	第6年	第7年	第8年	完成
A																											
B																											
C																											
D																											
E																											
F																											

表 C-18　各企业市场开发记录表（二）

企业	国际市场开发记录（4M/4 年）									ISO 9000 开发记录（2M/2 年）									ISO 14000 开发记录（3M/3 年）								
	第1年	第2年	第3年	第4年	第5年	第6年	第7年	第8年	完成	第1年	第2年	第3年	第4年	第5年	第6年	第7年	第8年	完成	第1年	第2年	第3年	第4年	第5年	第6年	第7年	第8年	完成
A																											
B																											
C																											
D																											
E																											
F																											

C.5　各企业违约扣分登记表

表 C-19　违约扣分登记表

企业名称：

年度	扣分项目					
	运行超时①	报表错误（10 分/次）	民间融资（10 分/次）	流程不规范（5～10 分/次）	其他错误	扣分合计
第 1 年						
第 2 年						
第 3 年						
第 4 年						
第 5 年						
第 6 年						
第 7 年						
第 8 年						
扣分合计						

① 运行超时扣分标准：

10 min 之内（含 10 min），按每超时 1 min（含 1 min 内），扣 1 分。

10～15 min，按 2 分/ min 扣分。

超过 15 min，按自动破产处理。

C.6　各企业违约订单登记表

表 C-20　各企业违约订单登记表

序号	违约企业	年份	市场	产品	数量（个）	订单收入	账期	条件	编号	交单收入

C.7　各企业市场地位排名表

表 C-21　市场地位排名表

时间	本地	区域	国内	亚洲	国际
第 1 年					
第 2 年					
第 3 年					
第 4 年					
第 5 年					
第 6 年					
第 7 年					
第 8 年					

C.8 各企业经营情况统计表

表 C-22 各企业经营情况统计表——净资产收益率及综合分

企业	第 1 年	第 2 年	第 3 年	第 4 年	第 5 年	第 6 年	第 7 年	第 8 年	综合分
A									
B									
C									
D									
E									
F									

C.9 评分标准

计算公式为

综合分=结束年所有者权益×（1+*A*/100）－其他扣分项

式中，*A* 为企业综合发展潜力，反映企业未来成长性。它是以下分数的总和：

（1）厂房与设备

企业自有大厂房 +15

企业自有小厂房 +10

手工生产线建设完成 +5/条

半自动生产线建设完成 +10/条

全自动或柔性生产线建设完成 +15/条

（2）研发

区域市场开发完成 +10

国内市场开发完成 +15

亚洲市场开发完成 +20

国际市场开发完成 +25

ISO 9000 认证开发完成 +10

ISO 14000 认证开发完成 +15

P2 产品研发完成　　　　+10

P3 产品研发完成　　　　+10

P4 产品研发完成　　　　+15

（3）市场地位

结束年本地市场第一（不区分产品）　　+15

结束年区域市场第一（不区分产品）　　+15

结束年国内市场第一（不区分产品）　　+15

结束年亚洲市场第一（不区分产品）　　+15

结束年国际市场第一（不区分产品）　　+20

（4）运行规范

未贴现　+20

其他扣分项包括：

（1）运行超时及报表错误扣分

运行超时是指不能按时提交报表的情况。

扣分标准：按每超时 1min（含 1min 内），扣 1 分，最多不能超过 10min。超过 10min 时，按 2 分/min 扣分，但最多只允许再超时 5min。如果 15min 后还不能提交报表，按自动破产处理。

上报的报表必须是账实相符的报表，如果发现上交的报表有明显错误（如销售统计与利润表不符、资产负债表不平衡），退回重新更正并罚 10 分。

（2）违规扣分

在运行过程中如有颠倒任务执行顺序运行或不如实填写管理表单的情况，一经核实，按情节严重程度处以 5～10 分/次的罚分，并在最后的总分中扣除。

（3）民间融资

在运行过程中，每发生一次民间融资，扣 10 分，并从最后的总分中扣除。

注：

1）自有的生产线、厂房至少要完整生产出一个产品，否则不能获得加分。

2）已经放弃的市场不能获得市场开发加分。

3）最后一年不能交货的取消市场第一加分。

未尽事宜由裁判或指导教师解释。

附录 D　沙盘规则汇总

表 D-1　市场开发说明表

市场	每年投资额（M）	投资周期（年）	全部投资总额（M）	操作
本地	无			直接获得准入证
区域	1	1	1	1. 将相应的投资额放在准入证的位置处 2. 当完成全部投资时，到老师处换取相应的市场准入证
国内	1	2	2	
亚洲	1	3	3	
国际	1	4	4	

表 D-2 各订单要求说明表

订单类型	交货时间	获得订单资格要求
普通订单	本年度任何法定的交货时间（4 个季度中规定的交货时间）	投入广告费
加急订单	本年度第一个法定交货日（第 1 季度中规定的交货时间）	投入广告费
ISO 9000 订单	本年度任何法定的交货时间（4 个季度中规定的交货时间）	具有 ISO 9000 证书，且本年在该市场投入 1M ISO 9000 广告费
ISO 14000 订单	本年度任何法定的交货时间（4 个季度中规定的交货时间）	具有 ISO 14000 证书，且本年在该市场投入 1M ISO 14000 广告费

表 D-3 产品研发投资说明表

产品	每季度投资金额（M）	最小投资周期（季度）	全部投资总额（M）	操作说明
P2	1	5	5	1. 每季度按照投资额将现金放在生产资格位置，并填写“产品研发登记表” 2. 当投资完成后，带上所有投入的现金和“产品研发登记表”，到教师处换取生产许可证 3. 只有获得生产许可证后才能开工生产该产品
P3	2	5	10	
P4	3	5	15	

表 D-4 ISO 类型投资说明表

ISO 类型	每年投资金额（M）	最小投资周期（年）	全部投资总额（M）	操作说明
ISO 9000	1	2	2	1. 每年按照投资额将投资放在 ISO 证书位置，并填写“ISO 认证登记表” 2. 当投资完成后，带着所有投资和“ISO 认证登记表”，到教师处换取 ISO 资格证 3. 只有获得 ISO 资格证后，才能在市场中投放 ISO 广告
ISO 14000	1	3	3	

表 D-5 产品结构及成本表

产品	原材料	原材料价值（M）	加工费（M/个）（手工/半自动/全自动/柔性生产线）	直接成本（M）
P1	R1	1	1	2
P2	R1+R2	2	1	3
P3	2R2+R3	3	1	4
P4	R2+R3+2R4	4	1	5

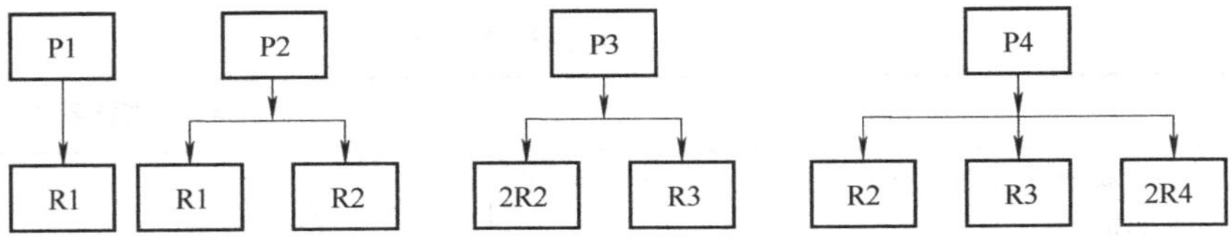

图 D-1　产品结构图

表 D-6　原材料采购提前期

原材料	采购提前期（季度）
R1（红色）	1
R2（橙色）	1
R3（蓝色）	2
R4（绿色）	2

表 D-7　各类型生产线说明表

生产线	购置费（M）	安装周期（季度）	生产周期（季度）	转产费总额（M）	转产周期（季度）	维修费（M/年）	残值（M/条）
手工生产线	5	无	3	无	无	1	1
半自动生产线	8	2	2	1	1	1	2
全自动生产线	16	4	1	4	2	1	4
柔性生产线	24	4	1	无	无	1	6

表 D-8　全自动生产线安装投产操作说明

时间（季度）	投资额（M）	期初	期末	操作
1	4	启动第 1 期安装	完成第 1 期安装	“全自动生产线”标识牌正面朝下放置在厂房内对应的生产线处，每期投资的金额放置生产线标识牌上，全部投资完成后，将生产线标识牌正面朝上，其总投资额放置在下方对应的“生产线净值”处
2	4	启动第 2 期安装	完成第 2 期安装	
3	4	启动第 3 期安装	完成第 3 期安装	
4	4	启动第 4 期安装	完成第 4 期安装	
5		开始投产		

表 D-9　厂房信息表

厂房类型	购买价格（M）	租金（M/年）	售价（M）	容量
大厂房	40	5	40	6 条生产线
小厂房	30	3	30	4 条生产线

表 D-10　企业各种贷款及贴现信息表

融资类型	贷款时间	最高额度	贷款数量	利率	贷款期限	偿还方式
长期贷款	每年年末	上年所有者权益的 2 倍	20M 的整数倍	10%	以年为单位，最长 5 年	每年末支付利息，到期还本
短期贷款	每季度初	上年所有者权益的 2 倍	20M 的整数倍	5%	以季度为单位，最长 1 年	到期一次性还本付息
民间融资	任何时间	20M	20M	20%	以季度为单位，最长 1 年	到期一次性还本付息
应收账款贴现	任何时间	视应收账款金额而定	8M 的倍数	1:7	应收账款为 1 账期或 2 账期	贴现时支付利息
		视应收账款金额而定	7M 的倍数	1:6	应收账款为 3 账期或 4 账期	

表 D-11　原材料采购数量及应付账款信息表

采购数量（个）	应付账款账期	采购数量（个）	应付账款账期
1～4	现金	13～16	3 账期
5～8	1 账期	≥17	4 账期
9～12	2 账期		

附录 E　企业生产能力参考图

不同类型生产线各季度能够完成生产的产品数量（图中色块白色表示无产品，黑色表示有产品）。

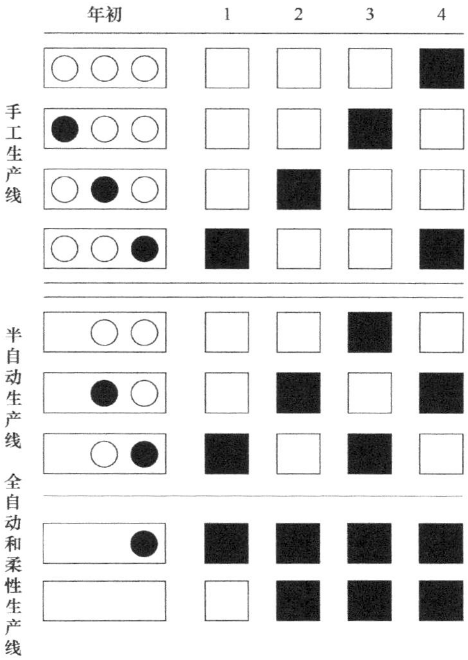

图 E-1　企业生产能力参考图

附录 F 实训学生信息登记表

ERP 沙盘模拟实训记录

组别：
企业名称：
岗位：
姓名：
班级：
学号：
指导教师：
日期：

企业愿景： 企业使命：

参 考 文 献

[1] 路晓辉．ERP 制胜：有效驾驭管理中的数字[M]．北京：清华大学出版社，2005．

[2] 王新玲，郑文昭，马雪文．ERP 沙盘模拟高级指导教程[M]．北京：清华大学出版社，2009．

[3] 刘平，王实．ERP 沙盘模拟管理综合实训手册[M]．北京：机械工业出版社，2010．

[4] 孙金凤，王文铭．ERP 沙盘模拟演练教程[M]．北京：清华大学出版社，2010．

[5] 刘平．企业经营沙盘模拟实训手册[M]．北京：清华大学出版社，2010．

[6] 何晓岚，楚万文，孔维林．ERP 沙盘模拟实用教程[M]．北京：北京航空航天大学出版社，2010．

[7] 王新玲，柯明，耿锡润．ERP 沙盘模拟学习指导书[M]．北京：电子工业出版社，2005．

[8] 何晓岚，金晖．商战实践平台指导教程[M]．北京：清华大学出版社，2012．

[9] 鲁少勤．ERP 系统中的计划层次及其关系分析[J]．知识经济，2017(14)：67-69．

[10] 陈智崧．ERP 沙盘推演指导教程：新手工+商战+约创[M]．北京：清华大学出版社，2019．

[11] 崔雷，陈开华，孟令春．用友 ERP 沙盘：企业行为模拟实验教程[M]．北京：中国轻工业出版社，2019．

[12] 刘平，邵亮．ERP 沙盘实训手册：企业经营沙盘模拟实战对抗[M]．2 版．北京：清华大学出版社，2019．

[13] 张涛．企业资源计划（ERP）原理与实践[M]．3 版．北京：机械工业出版社，2020．

[14] 王新玲．用友 ERP 供应链管理系统实验教程[M]．2 版．北京：清华大学出版社，2020．

[15] 王新玲．ERP 沙盘模拟高级指导教程[M]．4 版．北京：清华大学出版社，2019．

[16] 刘勇．ERP 沙盘模拟实训教程[M]．3 版．北京：经济管理出版社，2018．